BASTEI
LÜBBE

Von Walter Hansen ist außerdem bei Bastei-Lübbe lieferbar:

64 103 – ASGARD

Walter Hansen

DIE SPUR DER HELDEN

Die Gestalten des Nibelungenliedes
in Sage und Geschichte

BASTEI LÜBBE

BASTEI-LÜBBE-TASCHENBUCH
Band 64 120

Sämtliche farbigen Illustrationen aus der *Hundeshagener Handschrift*
(Bildarchiv Preußischer Kulturbesitz, Berlin)

Die Fotos im Schwarzweiß-Tafelteil stammen von:
Archiv für Kunst und Geschichte, Berlin (Nr. 8, 21, 22, 23, 24, 25); Biblioteca Apostolica Vaticana (Nr. 7, 18); Documentation photographique de la Réunion des musées nationaux (Paris (Nr. 10); Fürstl. Fürstenb. Hofbibliothek, Donaueschingen (Foto: Georg Goerlipp, Donaueschingen / Nr. 1); Fürstl. Hohenz. Museum, Sigmaringen (Nr. 5); Eberhard Grames / Bilderberg, Archiv der Fotografen, Hamburg (Nr. 16); Alfred A. Haase, München (Nr. 6, 12); Walter Hansen, München (Nr. 15); Jürgens, Ost + Europa-Photo, Köln (Nr. 14); Kestner-Museum, Hannover (Nr. 19); Kunsthistorisches Museum, Wien (Nr. 9, 17); Landesmuseum für Vorgeschichte, Halle/Saale (Nr. 4); Musée Cantonal d'Archéologie et d'Histoire, Lausanne (Nr. 3); Gregor Peda, Passau (Nr. 13); Staatsbibliothek Bamberg (Nr. 11); Staatsbibliothek Preußischer Kulturbesitz, Handschriftenabteilung, Berlin (Foto: Bildarchiv Foto Marburg / Nr. 20); University Museum of National Antiquities, Oslo (Foto: Ove Holst / Nr. 2)

Die Aufnahmen und Zeichnungen im Text stammen von:
Archiv für Kunst und Geschichte, Berlin (S. 55, 211); Bibliothèque Nationale, Paris (S. 27); Adolf Böhm, Aschheim (S. 75, 185); Eberhard Grames / Bilderberg, Archiv der Fotografen, Hamburg (S. 12/13); Alfred A. Haase, München (S. 177); Hessische Landesbibliothek, Fulda (S. 53); Johann Offenberger (S. 103); Riksantikvarieämbetet och Statens Historiska Museer, Stockholm (S. 80/81); Universitätsbibliothek Heidelberg (S. 11, 195)

Printed in Germany, April 1993
Titelillustration: Bildarchiv Preußischer Kulturbesitz, Berlin
Satz: Froitzheim, Bonn
Druck und Bindung: Clausen & Bosse, Leck
ISBN 3-404-64120-5

Inhalt

Vorwort

Alte Mären – ganz aktuell

Die Helden, die Könige und Königinnen des Nibelungenliedes sind keine Phantasiegestalten. Lange vor der Niederschrift des Nibelungenliedes haben sie wirklich gelebt.

Gunther beispielsweise war ein König in der Zeit um 437, als der Burgunden Untergang in Worms geschah.

Brünhild lebte zur Epoche der Merowinger und war in eine Mordgeschichte ohnegleichen verstrickt.

Kriemhild war eine bayerische Prinzessin und lebte um die Jahrtausendwende; sie geriet in falschen Mordverdacht, wurde gefangengenommen und heimlich befreit. In Passau ist ihr Grab zu sehen.

Siegfried, ein mythischer Held, lebt heute noch als

Archetyp unter uns – mit anderen Namen, in anderer Gestalt. Wir kennen ihn alle.

Dietrich von Bern, der beliebteste deutsche Sagenheld, ist identisch mit dem Ostgotenkönig Theoderich dem Großen und liegt in Ravenna begraben.

Auch Rüdiger von Bechelaren – um nur ein Beispiel noch vorwegzunehmen – war ein Mensch aus Fleisch und Blut, eine historisch dokumentierte Gestalt mit ungewöhnlichem Schicksal. Er könnte identisch sein mit dem Markgrafen, dessen Skelett vor wenigen Jahren erst – 1975 – in einem verschütteten Prunkgrab unter der Stadtpfarrkirche von Traismauer an der Donau entdeckt wurde.

Was die Nibelungenhelden wirklich erlebten und erlitten, wie sie minnten und mordeten, intrigierten, kämpften und starben, das haben Geschichtsschreiber, Spielleute und Sänger niedergeschrieben in Chroniken, Liedern, Sagen und Legenden – in den »alten Mären«, auf die sich der Nibelungendichter programmatisch beruft in seiner Einleitungsstrophe.

Uns ist in alten mæren wunders vil geseit
von helden lobebæren von grôzer arebeit,
von freuden, hôchgezîten, von weinen und von klagen,
von küener recken strîten muget ir nun wunder hœren sagen.

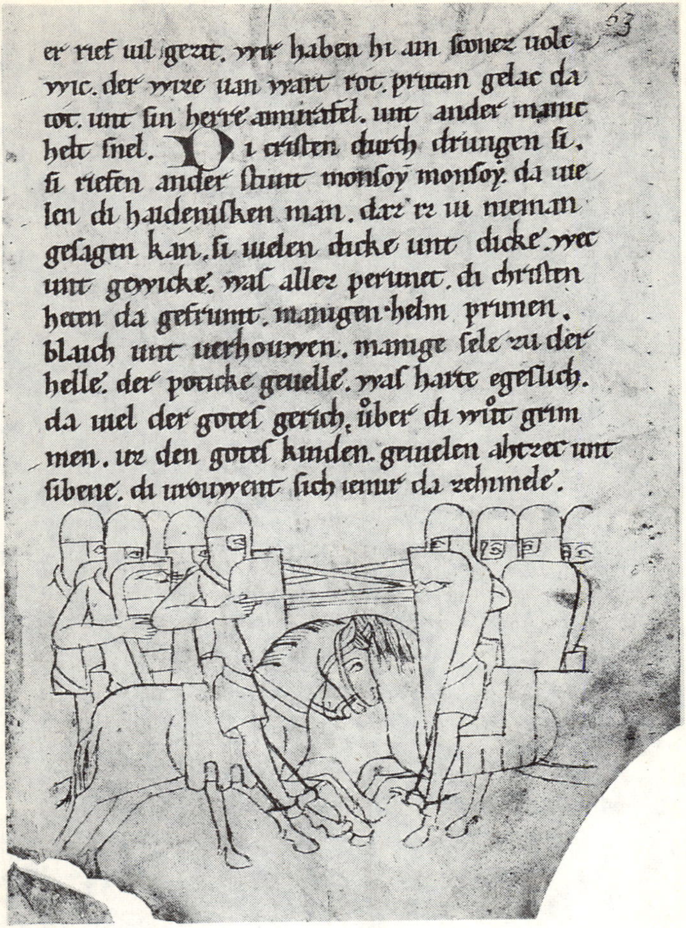
er rief uil gerat. wir haben hi aln sconez uolc
wic. der wize uan wart tot. prutan gelac da
tot. unt sin herre amirafel. unt ander manic
helt snel. Di cristen durch drungen si.
si riefen ander stunt monsoy monsoy. da uie
len di haidenisken man. daz iz ni nieman
gesagen kan. si uielen dicke unt dicke. wec
unt gewicke. was allez perunet. di christen
heten da gefrumet. manigen helm prunen.
blanch unt uerhouwen. manige sele zu der
helle. der potiche geuelle. was harte egeslich.
da uiel der gotes gerich. über di wuo grim
men. uz den gotes kinden. geuielen ahzzec unt
sibene. di wouwent sich iemir da zehimele.

Ritterschlacht. Miniatur aus dem *Rolandslied*, um 1170

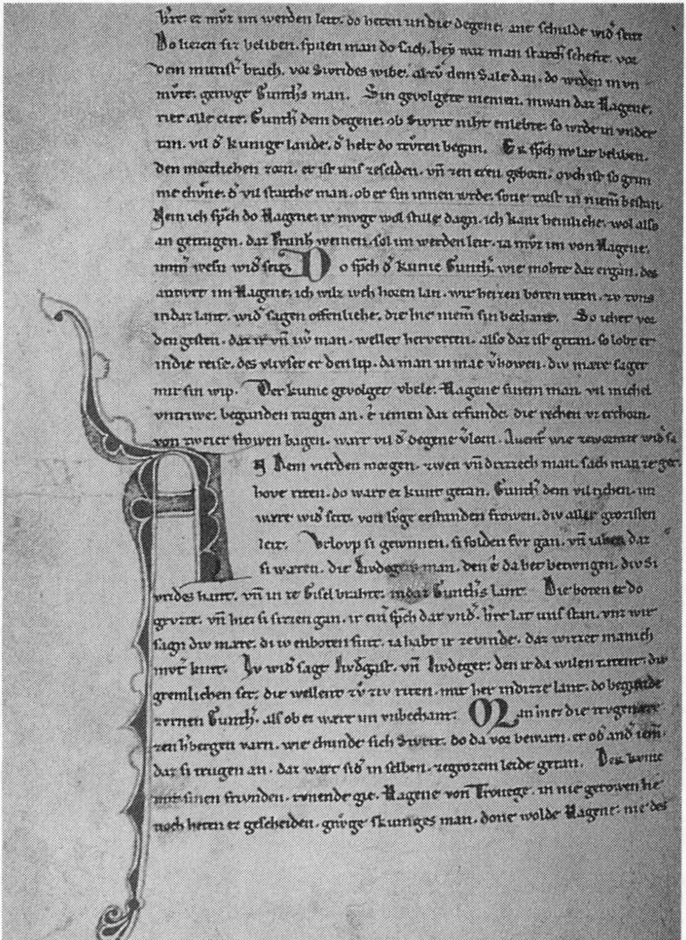

Das Nibelungenlied. Handschrift C

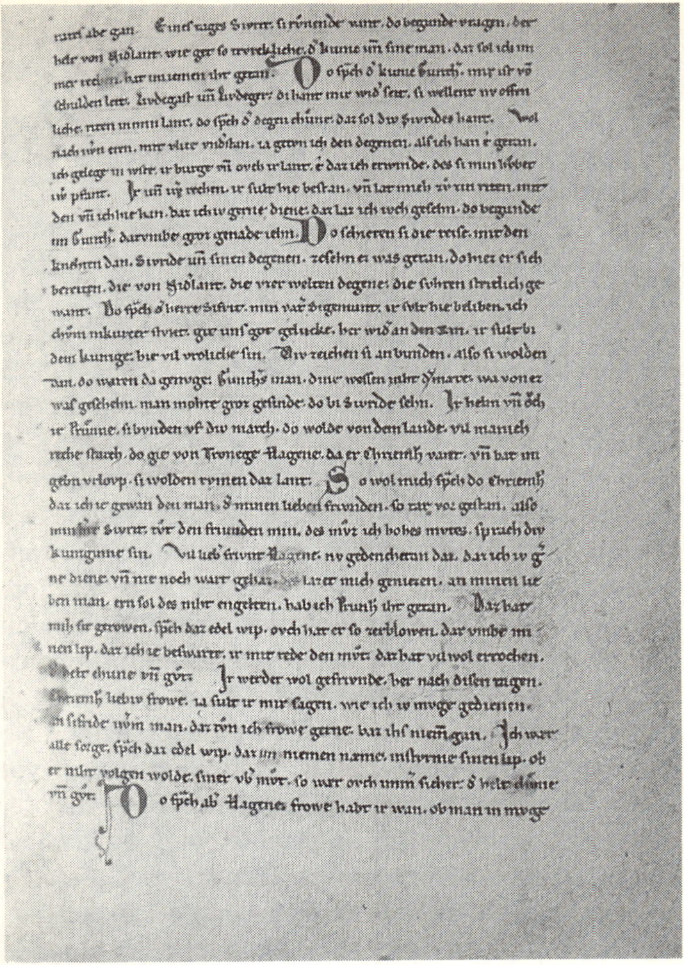
ratt abe gan. Eines tages Sivrit. si rítende vant. do begunde vragen. der
helt von Nidlant. wie get so trurecliche. d' kunic vn̄ sine man. daz sol ich im
mer rechen. hat iemen iht getan. D o sp̄ch d' kunic Gunth'. mir ist vō
schulden leit. Liudegast vn̄ Liudeger. di hant mir wid' seit. si wellent uv offen
liche riten in min lant. do sp̄ch d' degen chu̍ne. daz sol dw Sivrides hant. Wol
nach uw'n eren. mit ellen vnd'stan. ia getvn ich den degenen. als ich han ê getan.
ich gelege in wuste. ir burge vn̄ ouch ir lant. ê daz ich erwinde. des si min houbet
uw' pfant. Ir vn̄ uw' rechen. ir sult hie bestan. vn̄ lat mich ze in riten. mit
den vn̄ ich hie han. daz ich iv gerne diene. daz laz ich iuch gesehn. do begunde
im Gunth'. darumbe got genade sehn. D o schieren si die reise. mit den
knehten dan. Sivride vn̄ sinen degenen. ze sehn ez was getan. do hiez er sich
bereiten. die von Nidlant. die vier welten degene. die fvhten strítlich ge
want. Do sp̄ch d' herre Sivrit. min vat' Sigemunt. ir sult hie beliben. ich
chv̍m in kurzer stunt. git uns got gelucke. her wid' an den Rin. ir sult bi
dem kunige. hie vil vroliche sin. Diu zeichen si an bunden. also si wolden
dan. do waren da genvge. Gunth's man. di nie wessen iaht d' mære. wa von ez
was geschehn. man mohte grot gesinde. do bi Sivride sehn. Ir helm vn̄ och
ir brunne. si bunden vf diu march. do wolde von dem lande. vil manich
rehe starch. do gie von Tronege Hagene. da er Chriemh' vant. vn̄ bat im
gebn vrlovp. si wolden rumen daz lant. S o wol mich sp̄ch do Chriemh'
daz ich ie gewan den man. d' minen lieben frvnden. so tar vol gehan. also
minh' Sivrit. tvt den friunden min. des mvz ich hohes mutes. sprach div
kunginne sin. Vil lieb' friunt Hagene. nu gedenchet an daz. daz ich iu g'
ne diene. vn̄ nie noch wart gehaz. des lazet mich geniezen. an minen lie
ben man. ern sol des niht engelten. hab ich Brunh' iht getan. Daz hat
mih sit geriwen. sp̄ch daz edel wip. ouch hat er so zerblowen. dar umbe mi
nen lip. daz ich ie beswarte. ir mit rede den mvt. daz hat vil wol errochen.
helt chune vn̄ gvt. Ir werdet wol gefriunde. her nach disen tagen.
Chriemh' liebiv frowe. ia sult ir mir sagen. wie ich iv muge gedienen.
an Sifride uw'm man. daz tvn ich frowe gerne. baz ihs niem̄ gan. Ich wær
alle sorge. sp̄ch daz edel wip. daz im niemen næme. in strite sinen lip. ob
er niht volgen wolde. siner vb' mvt. so wær ouch immer sicher. d' helt chune
vn̄ gvt. D o sp̄ch ab' Hagene. frowe habt ir wan. ob man in muge

Der Dichter indes wollte keine Geschichte aus alter Zeit erzählen. Er aktualisierte die alten Mären. Er holte die Helden, die Könige und Königinnen aus verschiedenen Jahrhunderten hervor in die aktuelle Gegenwart; er weckte sie kraft seiner dichterischen Phantasie zu neuem Leben; er ließ sie minnen und morden, intrigieren, kämpfen und sterben, als seien sie seine Zeitgenossen, als würden sie zwischen 1200 und 1205 leben: in den Jahren, da er das Nibelungenlied niederschrieb.

Wer nun diese aus verschiedenen Jahrhunderten zusammengewürfelten Gestalten wirklich waren, die wir aus dem Nibelungenlied kennen, was an historischer Wahrheit hinter ihnen steckt, was sich über ihre Schicksale herausfinden läßt, das beschäftigte mich schon vor Jahren, als ich noch Material für mein Buch *Die Spur des Sängers* sammelte. Doch diese Fragen durften mich damals nur am Rande interessieren.

Denn in der *Spur des Sängers* ging es mir vor allem darum, die heute noch erhaltenen Bühnenbilder des Nibelungenliedes zu beschreiben und die Identität des unbekannten Dichters zu enträtseln.

Mit einer Reihe von Indizien konnte ich belegen, daß der staufische Epiker Konrad von Fussesbrunnen mit hoher Wahrscheinlichkeit der lange gesuchte Dichter des Nibelungenliedes ist. Meine Theorie hat nach Erscheinen des Buches großes Aufsehen erregt.

Sie ist bis heute unwiderlegt und Gegenstand gelehrter Untersuchungen.

Erst nach Abschluß meiner Arbeit an der *Spur des Sängers* konnte ich mich intensiv mit den Backgroundstories der Nibelungenhelden befassen. Ich entdeckte historisches Material, menschliche Geschichten von Liebe und Mord, Verrat und Rache, Treue und Untergang – Schicksale, die so interessant waren und in so erstaunlichen Bezügen zum Nibelungenlied standen, daß ich genügend Material hatte, um ein neues Buch zu schreiben: über Kriemhild, Siegfried und Hagen – über die wahren Schicksale der Nibelungenhelden.

Walter Hansen

König Gunther

Gundahar, König der Burgunden

Glanzzeit und Untergang der historisch belegten Burgunden in Worms sind mit dem Namen eines Königs verbunden: Gundahar. Er ist das literarische Vorbild für den Burgundenkönig Gunther des Nibelungenliedes.

Die Burgunden, ursprünglich Angehörige eines ostgermanischen Volksstammes, waren von Bornholm über die Niederlausitz und das Maingebiet bis zum Rhein gezogen und hatten sich Anfang des 5. Jahrhunderts zwischen Worms und Mainz angesiedelt. Der römische Feldherr Aëtius ernannte sie zu Föderaten. Königsstadt war Worms. Gundahar dürfte ab 406 König der Burgunden gewesen sein.

Wir wissen nicht, wer seine Gemahlin oder seine Söhne und Töchter waren. Auch ist nicht erwiesen, wo sich seine Burg in Worms erhob. Aller Wahrscheinlichkeit nach aber, meinen Historiker, lag sie auf dem Stadthügel, der sich schon von der Topographie her ganz selbstverständlich für einen Königssitz anbot.

Ein halbes Jahrtausend später etwa wurden an dieser Stelle der romanische Kaiserdom und der Bischofssitz errichtet, zwei weithin sichtbare, dominierende Prachtbauten, die wir im Nibelungenlied wiederholt beschrieben finden. Denn der Dichter hat sie gegen Ende des 12. Jahrhunderts gesehen und als Bühnenbilder für sein Epos verwendet. Der Dom diente ihm als Schauplatz vieler Szenen, und der Bischofssitz verwandelte sich in seiner Phantasie zu König Gunthers sagenhafter Burgundenburg.

Die echte, die historisch nachgewiesene Burgundenburg aus dem 5. Jahrhundert könnte demnach – wenn man es überspitzt ausdrücken will – unter ihrem eigenen Bühnenbild liegen. Archäologische Ausgrabungen würden dort wohl die Ruinenreste des Königshofes zutage fördern, in dem Gundahar tatsächlich residiert hat.

Gundahar war ein ehrgeiziger Herrscher, der Ruhm, Macht und Reichtum nach Worms brachte – und der sich in seiner Föderatenrolle allmählich zu gering fühlte. Sehr zum Ärger der Römer versuchte er, seinen Einfluß zu vergrößern. Und als er im Jahre 435 gar einen Vorstoß in die römische Provinz Belgica plante, rief Aëtius ein Reiterheer der verbündeten Hunnen zu Hilfe.

Die Hunnen – von denen später noch ausführlich die Rede sein wird – hatten damals gerade ihre Machtstellung in Europa wie nie zuvor in ihrer Geschichte gefestigt. Sie standen unter der strengen Zucht ihres gefürchteten Königs Attila, den man die »Geißel Gottes« und den »Schrecken der Völker« nannte.

Attilas Reiterhorden überfielen die Burgunden in ihrem Gebiet am Rhein und töteten an die zwanzigtausend Menschen. König Gundahar und seine Gefolgsleute wurden damals erschlagen. Wo sie fielen, ist nicht überliefert, aller Wahrscheinlichkeit nach aber – so meinen Forscher – bei der historisch erwiesenen Schlacht um Worms. Die Stadt war damals von starken Mauern umgeben und galt als uneinnehmbar.

Die Schlacht um Worms

Von der Schlacht um Worms sind keine Einzelheiten bekannt. Wir können uns aber sehr genaue Vorstellungen machen, was damals geschah, denn es gibt zahlreiche Berichte über die zu jener Zeit üblichen Belagerungsmethoden der Hunnen:

»Sie ritten« – so heißt es in einer anonymen Chronik – »mit furchterregendem Geschrei im schnellsten

Galopp immer wieder in Stoßtrupps an die Stadtmauer heran, um ihre Pfeile abzuschießen und sogleich wieder zurückzureiten, so daß die Verteidiger unablässig in Scharmützel verwickelt waren und nie zur Ruhe kamen. Wenn die Burgen von Flüssen oder Wassergräben geschützt waren, so erwiesen sie sich als sehr geschickt und flink beim Brückenschlagen.

Auch hatten sie von den Germanen und Römern die Konstruktionen sogenannter Belagerungsmaschinen übernommen, die sie selber bauten. Sie zimmerten zum Beispiel eine breite Bühne aus Balken, auf denen viele Krieger stehen konnten und die auf Rädern ruhte. Vorne war eine Brustwehr errichtet, hinter der sich die Pfeilschützen verbargen. Einige Krieger trieben mit den Füßen die Räder an, so daß sich die Bühne mit den Schützen auf die Stadtmauer zubewegte und die Pfeile gegen die Verteidiger abgeschossen werden konnten. Die Männer auf den Balkenbühnen trugen Felle und Lederwämse, zum Teil auch verbargen sie sich hinter dichtem Weidegestrüpp, das sie wie Schilde vor sich hielten. Dadurch waren sie vor gewöhnlichen Geschossen und Feuerbränden leidlich geschützt, die von den Verteidigern aus den Öffnungen der Stadtmauer herabgeschleudert wurden. Um die Stadtmauern einstürzen zu lassen, brachten die Hunnen sodann Mauerbrecher heran, die üblicherweise Widder genannt wurden. Das waren schwere Baumstämme, vorne zugespitzt und mit

Eisen beschlagen, die an mehreren Ketten beweglich zwischen einem starken Gerüst hingen und in Längsrichtung geschwungen werden konnten. Wenn der Widder zu der Stadtmauer geschoben wurde und unmittelbar davor stehenblieb, so zogen zahlreiche Männer den mit Eisen beschwerten, sehr wuchtigen Stamm so weit wie möglich in die entgegengesetzte Richtung – und ließen dann los. Der Baumstamm schwang in einer Pendelbewegung gewaltsam gegen die Stadtmauer, die beschädigt wurde. Sogleich zogen die Krieger den Baumstamm wieder zurück, um ihn neuerlich nach vorne gegen die Mauer schwingen zu lassen, unaufhörlich, bis das Mauerwerk einstürzte oder sich zumindest ein Loch bildete, durch das die Hunnen dann in die Stadt eindringen konnten.«

Worms, wenn auch als uneinnehmbar gerühmt, wurde im Jahre 437 von den Hunnen erobert. Sie setzten die Stadt in Brand, raubten, plünderten, töteten alle Einwohner und schleiften die Mauern der Königsburg. Mit der Niederlage in Worms war der Burgunden Untergang endgültig besiegelt.

Chronisten berichteten vom Massaker. Spielleute – so können wir annehmen – überlieferten die Tragödie über Jahrhunderte hinweg. Und der Nibelungendichter – so die allgemeine Lehrmeinung – verarbeitete um 1200 in seinem Lied die historisch erwiesene, inzwischen aber gewiß schon zur Sage zersungene Geschichte vom Sterben König Gundahars und vom Untergang der Burgunden, allerdings in ganz anderen Zusammenhängen. Auch ist in seinem Epos nicht Worms der Schauplatz des Burgunden-Untergangs, sondern die sagenhafte Etzelburg in Esztergom* an der Donau. Warum der Nibelungendichter sich zu solchen Änderungen entschlossen hat, wird uns später noch beschäftigen.

Den Hunnenangriff auf Worms überlebten nur wenige Burgunden. Ihre Reste wurden von Aëtius in Savoyen um den Genfer See angesiedelt.

Nach einigen Generationen schon hatten sich die Burgunder** wieder erholt. Sie bildeten starke Heere, gewannen nach dem Abzug der Römer die Gebiete von Aare, Saône und Rhône dazu und gerieten zwangsläufig in einen Interessenkonflikt mit den Franken. Feindseligkeiten begannen hier und dort zu schwelen, der Krieg entflammte, es kam zur Entscheidungsschlacht im Jahre 534. Die Burgunder unterlagen und wurden vom

* Esztergom hieß früher Gran. In diesem Buch verwende ich den heute geläufigen Namen Esztergom.

** Die Reste der Burgunden werden nunmehr Burgunder genannt. Deshalb der historisch unlogische, aber orthographisch erzwungene Wechsel in den Schreibweisen. Im Nibelungenlied ist konsequent von Burgunden die Rede, unabhängig davon, ob es sich nach heutigem Sprachgebrauch um historisch nachweisbare Persönlichkeiten der Burgunden oder Burgunder handelt.

fränkischen König Chlotar ins Frankenreich eingegliedert.

Nach Chlotars Tod im Jahre 561 teilten seine Söhne Sigibert I., Chilperich I. und Guntram das Reich unter sich in drei Gebiete auf: Austrien, Neustrien und Burgund.

Zu dieser Zeit betritt eine interessante Persönlichkeit die Bühne der Weltgeschichte: die Burgunderkönigin Brünhild – das literarische Vorbild für Brünhild im Nibelungenlied.

Brünhild

Königstochter der Westgoten

Brünhild, etwa um 550 in Spanien geboren, war Tochter des Westgotenkönigs Athanagild und – wie der Geschichtsschreiber Gregor von Tours schwärmerisch zu berichten weiß – »eine Jungfrau von Gestalt, schön von Angesicht, züchtig und wohlgefällig in ihrem Benehmen und anmutig im Gespräch«.

Den Ruhm ihrer von Vaganten besungenen Tugenden vernahm Sigibert I., König des merowingischen Ostgebietes Austrien, ein für seinen Edelmut und die Erfolge in den Sachsenkriegen weithin bekannter Recke. »Er schickte« – so Gregor – »eine Gesandtschaft nach Spanien, übersandte reiche Geschenke und freite um Brünhild. König Athanagild aber versagte sie ihm nicht und gab Brünhild mit vielen Geschenken dem König Sigibert zur Gemahlin. Da versammelte König Sigibert die Großen seines Reiches in Reims, ließ ein Gelage zurichten, und unter unendlichem Jubel und großen Lustbarkeiten feierte er im Jahre 567 mit ihr Hochzeit.«

Am Königshof des merowingischen Westgebietes Neustrien in Soissons herrschten unterdessen liederliche Familienverhältnisse. König Chilperich I. – Sigiberts Bruder – hatte gerade seine erste Gemahlin Audovera verstoßen, um seine Geliebte Fredegunde zu heiraten, eine durchtriebene Schönheit von zwanzig Jahren. Als er seine Schwägerin Brünhild kennenlernte und von ihrer reichen Mitgift hörte, ward er so begehrlich gestimmt, daß er schnell entschlossen ihre Schwester Galswintha heiratete und Fredegunde zu verstoßen gedachte.

Ebenso schnell entschlossen ließ Fredegunde die Nebenbuhlerin, kaum war sie am Hof eingetroffen, im Bett erwürgen. König Chilperich nahm keinen Anstoß daran, denn Mord gehörte gewissermaßen zu den natürlichen Todesursachen in den feinen Kreisen der Merowingerzeit; er heiratete nun die Mörderin Fredegunde und machte sie zur Königin.

Auch Sigibert I. regte sich über den Mord nicht weiter auf. Seiner Gemahlin Brünhild zuliebe, die fortwährend auf Vergeltung für den Tod der Schwester drängte, entschloß er sich dann doch zum sogenannten Blutrachekrieg gegen seinen Bruder.

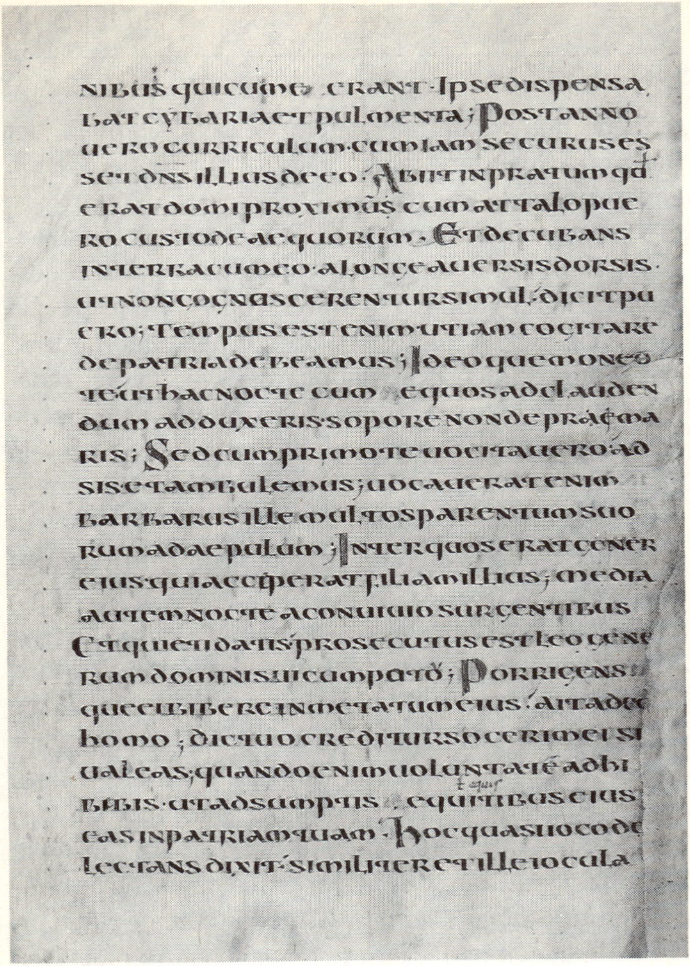

NIBUSQUICUMQ ERANT·IPSEDISPENSA
BATCYBARIAETPULMENTA; POSTANNO
UEROCURRICULUMCUMIAMSECURUSES
SETDNSILLIUSDEEO· ABIITINPRATUMQD
ERATDOMIPROXIMUS CUMATTALOPUE
ROCUSTODEAEQUORUM· ETDECUBANS
INTERRACUMEO·ALONGEAUERSISDORSIS·
UTNONCOGNASCERENTURSIMUL; DICITPU
ERO; TEMPUSESTENIMUTIAMCOGITARE
DEPATRIADEBEAMUS; IDEOQUEMONEO
TEUTHACNOCTECUM EQUOSADCLAUDEN
DUMADDUXERISSOPORENONDEPRAEGMA
RIS; SEDCUMPRIMOTEUOCITAUEROAD
SISETAMBULEMUS; UOCAUERATENIM
BARBARUSILLEMULTOSPARENTUMSUO
RUMADAEPULUM; INTERQUOSERATGENER
EIUSQUIACCEPERATFILIAMILLIUS; MEDIA
AUTEMNOCTEACONUIUIOSURGENTIBUS
ETQUIENDATISPROSECUTUSESTLEOGENE
RUMDOMINISUICUMPOTO; PORRIGENS
QUEEIBIBEREINMETATUMEIUS·AITADEU
HOMO; DICITUOCREDITURSOCERIMEISI
UALEAS; QUANDOENIMUOLUNTATEADHI
t equis
BABIS·UTADSUMPTIS ·EQUITIBUSEIUS
EASINPATRIAMTUAM· HOCQUASIIOCODE
LECTANSDIXIT; SIMILITERETILLEIOCULA

Geschichte der Franken von Gregor von Tours. Unzialhandschrift, 7. Jahrhundert

Und nun begann der Streit zweier Königinnen, der mit dem Untergang einer ganzen Fürstengeneration enden sollte:

Fredegunde, dominante Persönlichkeit in Neustrien, dem König an List und Initiative weit überlegen, ließ Sigibert im Jahre 575 unweit von Vitry-en-Artois in eine Falle locken und töten. Gregor berichtet darüber: »Es drängten sich zwei Männer, die waren von Fredegunde berückt, an ihn, gleich als ob sie eine Sache vorzutragen hätten, und stießen ihm in jede Seite ein tüchtiges Messer – ein Scramasar, wie man es zu nennen pflegt –, das in Gift getaucht war. Da schrie er laut auf, stürzte zu Boden und hauchte nicht lange danach den letzten Atem aus.«

Sein Sohn, Childebert II. – zu dieser Zeit gerade vier Jahre alt –, übernahm formell die Thronfolge. Brünhild jedoch blieb de facto Königin von Austrien. Sie riß die Herrschaft an sich, führte den Blutrachekrieg weiter und ritt sogar gepanzert, mit Helm, Schild und Schwert, an der Spitze ihrer Gefolgsmänner. Ihre Tatkraft, verbündet mit Schlauheit und weiblichem Instinkt, bedrohte Neustrien weit mehr, als es das schiere Haudegentum Sigiberts jemals vermocht hätte. Spielmänner verbreiteten den Ruhm der ritterlichen Königin weit über die Grenzen hinaus.

Verletzte Eitelkeit und Staatsraison gleichermaßen bewogen nun Fredegunde, einen Vertrauten nach Austrien zu senden, der, als Bettler verkleidet, an den Hof schleichen und die Königin mitsamt dem Thronfolger meucheln sollte. Brünhild indessen witterte Verrat, ließ den Verdächtigen ergreifen, foltern und vom Hofe jagen. Als er heimkehrte, von seinen Peinigungen erzählte und tröstlichen Zuspruch erhoffte, ließ ihm Fredegunde – ungünstig gestimmt zu dieser Stunde – Hände und Füße abhacken.

Während Fredegunde auf neue Gewalttaten sann, schlug Brünhild mit einem genealogischen Geniestreich zurück. Sie heiratete im Jahre 576 ihren Neffen Merowech, den Erstgeborenen und Thronfolger aus der Ehe Chilperichs mit der (von Fredegunde vertriebenen) Audovera, und meldete damit legitime Erbfolgeansprüche in Neustrien an.

Wie Brünhild gedemütigt wurde

Fredegunde geriet über solch inzestuöse Heiratspolitik dermaßen in Rage, daß sie nur noch grübelte, wie sie Brünhild demütigen konnte. Sie ließ zunächst einmal Bischof Praetextatus, der die Trauung von Brünhild und Merowech vollzogen hatte, ins Gefängnis werfen und später in der Kirche beim Gebet meuchlings erdolchen. Und dem Bischof Romacher von Coutances, einem Vertrauten Brünhilds, der seinen ermordeten

Amtskollegen Praetextatus nach frommer Weise eingesegnet hatte, reichte sie gelegentlich eines Besuches eigenhändig den Giftbecher zum Willkomm. Er starb wenige Minuten nach dem ersten Schluck.

Vor allem aber war Fredegunde daran gelegen, Brünhild so schnell wie möglich zum zweitenmal gewaltsam zu verwitwen. Sie erteilte keinem Geringeren als ihrem Liebhaber, Graf Leudegast, den ehrenden Auftrag, Merowech um die Ecke zu bringen.

Leudegast allerdings vermochte Merowech nicht aufzuspüren und versuchte, sich durch die beiläufige Meuchelung einiger austrasischer Gefolgsleute die Gunst seiner königlichen Auftraggeberin zu erhalten. (Ohne Erfolg übrigens, denn Fredegunde, die Versager nun einmal nicht ausstehen konnte, ließ ihn kurz darauf foltern und enthaupten.)

Inzwischen hatte Merowech gedungene Mordbuben ausgesandt, die seine Stiefmutter Fredegunde töten sollten – ihrer aber nicht habhaft werden konnten, da sie ständig den Wohnsitz wechselte und sich zudem, wie man erzählte, in den Schutz einer zauberkundigen Frau begeben hatte.

Merowech selbst versuchte unterdessen, ihrem Gemahl, König Chilperich, eigenhändig den Garaus zu machen. Daß Chilperich sein leiblicher Vater war, sei hier der Übersicht halber erwähnt.

Eines Tages berichtete ihm ein Spion, daß sein

Vater in einer Burg nahe von Soissons zu finden sei. Sogleich griff Merowech mit beträchtlicher Streitmacht an.

Der Spion indessen hatte sich geirrt. König Chilperich war nicht in der Burg, wohl aber dessen Leibarzt Marilef, ein Heilkundiger von hohem Ruf, ein argloser und friedfertiger Mann, den Merowech – irgendeiner mußte ja nun endlich büßen – »ergreifen und auf das fürchterlichste geißeln ließ; er nahm ihm Gold, Silber und alles, was der Arzt noch bei sich führte, und würde ihn auch gewiß totschlagen haben lassen, wenn jener nicht aus den Händen derer, die ihn geißelten, entkommen wäre«. So vermeldet Gregor von Tours.

Chilperich sann auf Rache und ließ zum Halali auf den eigenen Sohn blasen. Merowech entkam immer wieder den Mordkommandos, rettete auch in größter Bedrängnis immer wieder sein Leben – und lag dann doch eines Tages im Jahre 577 tot auf dem Marmorfußboden einer Burg nahe von Reims. Er war, wie sich herausstellte, von seinem engsten Gefolgsmann namens Gailing hinterrücks mit dem Schwert durchbohrt worden. Gailing berichtete treuherzig, Merowech hätte nicht mehr leben wollen und ihn um den Freundesdienst des Todesstoßes gebeten.

Solche Erzählung fand freilich wenig Glauben,

und bei Gregor von Tours ist nachzulesen: »Es wollen aber manche wissen, daß Gailing auf Geheiß der Königin Fredegunde den Merowech heimlich ermordet hätte.«

Gailing vermochte solchen Verdacht freilich nicht zu bestätigen. Bevor er den Mund aufmachen konnte, ließ ihn Fredegunde flugs an den Galgen knüpfen.

Königin Brünhild, siebenundzwanzig Jahre alt und zum zweitenmal Witwe, war wieder Alleinherrscherin und führte – gepanzert an der Spitze des Gefolges reitend – doppelt motiviert den Blutrachekrieg gegen Neustrien fort.

Ihre Gegenspielerin Fredegunde unterdessen mußte innenpolitische Schwierigkeiten befürchten. Die Söhne aus erster Ehe ihres Gemahls (mit Audovera) nämlich besannen sich auf ihre Rechte als Thronfolger und drohten, die Macht an sich zu reißen.

Fredegunde freilich wußte Rat: Sie ließ nach und nach die Söhne Chilperichs aus erster Ehe ermorden, vorsichtshalber auch deren schwangere Geliebte und – als Zugabe – schließlich noch Audovera. Der König merkte nichts. Wie raffiniert sie vorging, beweist die Schilderung Gregors über den Mord an Chlodowech, Chilperichs Lieblingssohn: »Fredegunde ließ ihn heimlich ergreifen, in Handfesseln legen, in den Kerker werfen und nach dem dritten Tage mit einem Dolchstoß töten. Danach kamen Boten zu König Chilperich und meldeten, Chlodowech habe sich mit eigener Hand entleibt; noch stecke der Dolch, mit dem er sich den Tod gegeben habe, versicherten sie, in der Wunde.«

Königsmord beim Jagdausflug

Kaum hatte Fredegunde alle Stiefsöhne unter die Erde gebracht, brachte sie im Jahre 584 einen Königssohn zur Welt: Chlotar II., der nun legitimer und einziger Thronfolger in Neustrien war.

Chilperichs Vaterfreuden währten nur kurz. Denn im selben Jahr noch ließ ihn Fredegunde ermorden. Und zwar auf der Jagd. Aus einer anonymen Chronik erfahren wir darüber: »Am Hofe Chilperichs lebte ein tüchtiger und hurtiger Mann mit Namen Landerich, der lag Königin Fredegunde sehr am Herzen, und sie trieb Ehebruch mit ihm.

Als nun König Chilperich eines Tages in aller Frühe von seinem Hofe Chelles bei Paris auf die Jagd ausreiten wollte, kehrte er aus dem Pferdestalle noch einmal in das Schlafgemach des Palastes zurück.

Die Königin aber wusch sich gerade den Kopf, und der König, der sie sehr liebte, trat von hinten an sie heran und gab ihr einen Schlag auf das Gesäß. Sie wähnte den König bereits auf der Jagd, vermutete eine

Liebkosung von Landerich und sprach: ›O Landerich, was tust du da?‹

Sie sah sich um, erkannte den König und erschrak, denn nun wußte sie, daß ihre Liebschaft zu Landerich entdeckt sei. Der König erzürnte und ritt auf die Jagd voll furchtbarer Rachepläne, die er bei seiner Rückkehr auszuführen gedachte.

Sogleich rief Fredegunde den Landerich zu sich, erzählte ihm alles und sprach: ›Erwäge nun, was du zu tun hast, denn morgen wird es uns schlimm auf der Folter ergehen.‹

Landerich rief unter Tränen: ›Wehe, eine böse Stunde war es, die meine Liebe zu dir entflammt hat. Nun, da diese Liebe entdeckt ist, umringen mich Verderben und Schrecknis.‹

Fredegunde aber sprach: ›Fürchte dich nicht, sondern höre meinen Rat: Wenn wir ihn befolgen, werden wir nicht sterben. Warte, bis der König von der Jagd zurückkehrt. Gewinne inzwischen einen heimlichen Mörder, der den heimkehrenden König in der Dunkelheit anspringt und erdolcht. Wir werden dann ausschreien, daß Childebert, Brünhilds Sohn, den König ermorden hat lassen. Ist mein Gemahl erst einmal tot, so herrschen wir beide freudig mit meinem Sohne Chlotar, dem niemand die Thronfolge in Neustrien streitig machen kann.‹«

Über den Mord schreibt dann Gregor von Tours:

»Als König Chilperich nachts von der Jagd auf seine Burg zurückkehrte und vom Pferde herabgehoben wurde und noch seine Hand auf die Schulter des Dieners stützte, sprang einer aus der Dunkelheit auf ihn zu und stach mit einem Scramasar auf den König ein. Erst verwundete er ihn unter der Achsel, dann gab er ihm einen Stich in den Bauch. Sogleich stürzte ein Blutstrom aus dem Munde des Königs, und er hauchte seine Seele aus.«

Zaubertrank für die Verzagten

Fredegunde – nun Alleinherrscherin von Neustrien und Mutter des Thronfolgers Chlotar II. – stand sogleich der Sinn nach weiterem Machtzuwachs. Deshalb begab sie sich nach Chalon-sur-Saône zu König Guntram von Burgund, dessen Geselligkeit ihr insofern ersprießlich erschien, als sie dort keinen Thronfolger wußte. Zwar hatte Guntram mit einigen legitimen Frauen und Geliebten zahlreiche Söhne gezeugt, die aber alle schon – wen wundert's? – auf gewaltsame Weise dahingeschieden waren.

Mit erprobten Zerstreuungskünsten versuchte Fredegunde nun, ihren königlichen Schwager zur Ehe oder zumindest zur Adoption des kleinen Chlotar zu bewegen. Sie spekulierte darauf, daß nach Guntrams

Tod, den sie freilich nicht dem Zufall zu überlassen gedachte, Burgund an sie oder an Chlotar fallen würde.

Sehr zu ihrem Verdruß ging Guntram aber weder auf ihre Ehepläne noch auf die gewünschte Adoption Chlotars ein. Und damit war die Erbfolge völlig ungewiß.

Denn Childebert II. – Brünhilds Sohn und Guntrams Neffe – hatte ebenfalls Anspruch auf Burgund.

Also galt es für Fredegunde, Geduld zu üben. Sie mußte – alles der Reihe nach – Guntram noch einige Erdentage gönnen, um erst einmal Childebert um die Ecke bringen zu lassen.

Über Einzelheiten des Mordanschlages weiß Gregor zu berichten:

»Fredegunde ließ zwei Dolche aus Eisen machen und tief ins Gift tauchen, auf daß, wenn der Todesstoß den Lebensnerv nicht träfe, mindestens das Gift dem Leben schnell ein Ende gemacht hätte. Sodann gab sie die Dolche zwei Vertrauten, die sie so anredete: ›Nehmt die Dolche und geht unverzüglich zu Childebert. Stellet Euch, als ob Ihr Bettler wäret, und werfet Euch ihm zu Füßen, gleich als ob Ihr um eine milde Gabe bätet, und durchbohrt ihn dann an beiden Seiten, auf daß endlich Brünhild, deren Hochmut mich sehr beschwert, schmerzlich gedemütigt werde. Sollte aber der Knabe so ängstlich bewacht werden, daß Ihr ihn zu töten außerstande wäret, so tötet Brünhild selbst, meine

Feindin. Lasset alle Furcht fahren und tut, wie ich Euch geheißen.‹

Als das Weib so sprach, begannen die Vertrauten zu zittern und meinten, schwer sei es, solche Befehle auszuführen.

Aber Fredegunde gab ihnen einen Zaubertrank, und als die Vertrauten ihn getrunken, wuchs ihnen sogleich der Mut, und sie versprachen, alles so auszuführen, wie befohlen.

Die Mörder begaben sich sodann auf den Weg und kamen bis zur Stadt Soissons, wo sie aber sogleich verdächtigt und ergriffen wurden. Sie gestanden alles und wurden in den Kerker geworfen. Fredegunde unterdessen war neugierig geworden und sandte einen Diener aus, um erkunden zu lassen, ob das Volk in Austrien bereits vom Mord an Childebert spräche.

Der Diener kam nach Soissons und vernahm, daß die beiden Vertrauten Fredegundes im Kerker säßen. Er eilte dorthin und führte ein Gespräch mit den Wächtern, die ihn sogleich ergriffen und ebenfalls in den Kerker warfen.

Alle drei wurden dann auf verschiedene Weisen getötet.«

Brünhild – Königin von Burgund

König Guntram unterdessen hatte Fredegunde vom Hof verjagt und Kontakt mit seiner Schwägerin Brünhild aufgenommen, deren Sohn Childebert er im Jahre 587 im Vertrag von Andelot adoptierte.

Childebert war Alleinerbe – und Fredegunde geriet in Raserei. Es wäre nun müßig, über jeden Mordanschlag zu berichten, den sie gegen Guntram, Brünhild und Childebert zu unternehmen befahl. Etwa zehn Attentate scheiterten, bis Fredegunde im Jahre 593 die ersehnte Frohbotschaft erhielt: König Guntram war an Gift verstorben. Childebert erbte Burgund und vereinigte es im Jahre 595 mit Austrien.

Ein Jahr später erlag auch er einem Giftmordanschlag. Seine Söhne – Theudebert, neun Jahre alt, und Theuderich, acht Jahre – zeigten schon im Kindesalter so »heftige Gemütsbewegungen« (Gregor von Tours), daß Brünhild es für ratsam hielt, jedem der beiden rabiaten Knirpse formell ein eigenes Reich zuzuweisen und zu bestimmen, daß keiner beim Tod des anderen in den Besitz des Gesamtreiches käme. Theudebert sollte dereinst in Austrien und Theuderich in Burgund residieren.

Bis zur Großjährigkeit ihrer Enkel übernahm Brünhild die Alleinherrschaft in beiden Reichen, als Königin von Austrien und – Burgund.

Im Jahre 597 nahte dann das Ende Fredegundes. Sie – die Mörderin einer ganzen Generation – starb nicht an jäher Gewalt, sondern siechte an einem langwierigen Leiden dahin. Auf dem Totenbett hatte sie noch genügend Zeit, ihren vierzehnjährigen Sohn Chlotar II. herzlich zu ermahnen, dafür zu sorgen, daß Brünhild, Theuderich und Theudebert verläßlich der Garaus gemacht werde.

Chlotars Aufgabe ward insofern erleichtert, als Theuderich allmählich so großes Sendungsbewußtsein für die Gesamtherrschaft über Burgund und Austrien entwickelte, daß er es im Jahre 612 für seine staatsmännische Pflicht hielt, den Bruder umlegen zu lassen. Und das kam so:

Theuderich wußte, daß Theudebert häufig in die Schatzkammer zu schreiten und mit Wohlgefallen die Geschmeide zu schauen pflegte. Er bestach deshalb einen Schatzwächter, der den Bruder bei passender Gelegenheit meucheln sollte. Als nun Theudebert wieder einmal sich über die Schatztruhe beugte, um sich am Anblick des Reichtums zu erfreuen, da fiel ihm – als Folge eines Schwertstreichs aus dem Hinterhalt – unversehens das Haupt in die Kleinodien.

Theuderich glaubte, alle Probleme der Erbfolge in Austrien konsequent lösen zu können, indem er die vier und fünf Jahre alten Söhne des ermordeten Bruders erschlagen ließ und dessen zehnjährige Tochter zu ehelichen gedachte. Damit wäre er, der Burgunderkönig, auch König von Austrien geworden.

Doch da fuhr Brünhild dazwischen. Sie, die Urgroßmutter des minderjährigen Mädchens, untersagte ihrem Enkel Theuderich die Heirat mit dessen verwaister Nichte. Theuderich geriet in eine Wallung »heftiger Gemütsbewegung« und versuchte nun, seine Großmutter Brünhild gelegentlich eines Gespräches mit dem Schwert zu durchbohren. Das bekam ihm jedoch schlecht. Die waffengewandte Brünhild wehrte sich erfolgreich, ihre Gefolgsleute stürzten herbei, und Theuderich mußte flüchten. Wenig später war er tot. (Überflüssig zu sagen, daß er einem familiären Mordanschlag zum Opfer fiel. Ungeklärt ist nur, ob seine Großmutter Brünhild oder sein Onkel Chlotar, Fredegundes Sohn, hinter dem Attentat steckte.)

Wie Brünhild nach Worms kam

Brünhild wählte unter Theuderichs unehelichen Söhnen den elfjährigen Sigibert II. als zukünftigen Thronerben beider Reiche. Bis zu seiner Volljährigkeit wollte Brünhild, seine Urgroßmutter, Königin von Burgund und von Austrien bleiben. Als Residenzstadt wählte sie Worms, die historische Königsstadt der Burgunden.

In Worms begann sie mit dem Wiederaufbau der

seit dem Hunnenangriff im Jahre 437 noch immer zerstörten Stadt. Auf dem Stadthügel errichtete sie eine (inzwischen längst verfallene und nur an Mauerresten noch erkennbare) Kirche, auf deren Grundmauern später der Wormser Dom erstand. Damals wurden nach ihr in Worms die »Brünhildiswisi« und der »Brünhildisgraben« benannt. Außerdem ließ die Burgunderkönigin auch »Brünhildis-Münzen« prägen, von denen nur ein einziges Exemplar in der Pariser Nationalbibliothek erhalten ist; die Vorderseite zeigt das Relief eines Frauenkopfs, die Rückseite ein Kreuz, die Jahreszahl 613 und die Schrift: VARMACIA FIT – in Worms gemacht.

Von Worms aus führte Brünhild weiter den Krieg gegen ihren Neffen Chlotar II., Fredegundes Sohn, den König von Neustrien.

Chlotar, inzwischen neunundzwanzig Jahre alt, meldete sich eines Tages im Jahre 613 per Boten bei Brünhild. Es sei Zeit, ließ er ihr ausrichten, endlich Frieden zu schließen. »Er bat Brünhild«, so steht in einer anonymen Chronik geschrieben, »sie solle doch zu ihm nach Reneve kommen, und er gab sich voll Arglist so, als wollte er einen Friedensvertrag schließen und sie zum Weibe nehmen.«

Brünhild sah nichts Sonderbares darin, Gemahlin ihres Neffen zu werden, denn schon einmal hatte sie aus staatspolitischer Raison einen Neffen, Merowech, geheiratet. »Sie traute seinen Worten«, heißt es in der

Chronik weiter, »legte ihren königlichen Schmuck an und kam zu ihm. Als er aber ihrer ansichtig wurde, begann er sie zu schmähen, und auf seinen Befehl wurde Königin Brünhild mit Händen und Füßen an vier wilde Rosse gebunden und in Stücke gerissen.«

Und nun erwies sich Chlotar II. als ein Mann von feiner Erziehung, der wohl wußte, was Pietät und guter Brauch nach solch familiärem Trauerfall geboten: Er ließ die sterblichen Reste der toten Tante einsammeln, einäschern und in einem schwarzen Marmorsarg unter der »blauen Basilika« des Martinsklosters von Autun beisetzen. Die Begräbnisfeierlichkeiten, denen auch Chlotar beiwohnte, seien erhebend gewesen, wissen Chronisten zu berichten.

Etwa tausend Jahre später, um 1633, wurde auf Veranlassung von Bischof Ragny das Grab geöffnet. Man fand Knochenreste, Asche und – einen Reitersporn.

Wie Brünhild nach Island kam

Einige Parallelen zwischen Geschichtsschreibung und Nibelungenlied sind auf Anhieb erkennbar:

Die historische Brünhild war – wie Brünhild im Nibelungenlied – eine Königin, die Helm, Schild, Schwert und Harnisch trug und mit Waffen umzugehen wußte.

Es gab einen historisch erwiesenen Streit zweier Königinnen – vergleichbar dem Streit zwischen Brünhild und Kriemhild im Nibelungenlied.

Brünhilds historische Gegenspielerin Fredegunde initiierte mit Mord, Verrat und Ränkespiel den Untergang einer ganzen Fürstengeneration – wie Brünhilds Gegenspielerin Kriemhild.

Die historische Brünhild war tatsächlich Burgunderkönigin in Worms.

In einem entscheidenden Punkt aber stimmt die Chronik aus der Merowingerzeit mit dem Nibelungenlied nicht überein: Die historische Brünhild war nie in Island. – Nach Island aber fährt König Gunther, um Königin Brünhild heimzuführen nach Worms.

Was also ist geschehen, so müssen wir uns fragen, daß Brünhild – oder besser: die Brünhild-Sage – nach Island kam?

Die verläßlichen Wege der Geschichtsschreibung führen uns nicht mehr weiter. Wir müssen auf verschlungenen Pfaden ins Dickicht der Sagenpsychologie einzudringen versuchen:

Es läßt sich gut vorstellen, daß Spielleute und Sänger nach Brünhilds Tod das Gedenken an die in harten Männerschlachten bewährte, gleichsam waffenklirrende Königin am Leben erhielten, Neues hinzudichteten, einiges wegließen, historische Tatsachen veränderten – und schließlich eine Frauengestalt der kontinentalen Heldensage formten, die eine Mixtur war aus Phantasie und Wirklichkeit. Der dichterischen Freiheit waren keine Grenzen gesetzt, weder räumlich noch zeitlich, und so konnte es geschehen, daß die Geschichte von der Burgunderkönigin Brünhild aus dem 6. und 7. Jahrhundert verschmolzen wurde mit den Überlieferungen um den Burgundenkönig Gundahar aus der ersten Hälfte des 5. Jahrhunderts. Auch Siegfried, der Drachentöter, dürfte in dieser Phase der Sagenbildung zu Brünhild gestoßen sein.

Jahrhunderte hindurch mögen solche, von der Wissenschaft postulierte – wenn auch schriftlich nicht erhaltene – Brünhild-Sagen und Brünhild-Lieder auf dem Kontinent das Publikum fasziniert haben, bis allmählich ein neues Ideal von Weiblichkeit zu blühen begann: das Idealbild der hohen Dame, die eingeschnürt war ins höfische Zeremoniell wie in ihre sittsame Kleidertracht und die ihre Gunst errötend als Lohn für ritterlichen Minnedienst bieten durfte. Und dieser Lohn »kann in hohem Grade zu zeichenhaften Gewährungen entsinnlicht werden, zu einem Gruß, einem Blick, einem Lächeln, er kann sogar ganz ins Sittliche umgedeutet werden, zur Reinigung und Wertsteigerung des Mannes... Als letztes bleibt dahinter immer die liebende Hingabe der Frau an den werbenden Mann.« (de Boor, *Geschichte der deutschen Literatur*)

Verständlich, daß zur Zeit solchen Frauenideals die Sage vom geharnischten Kraftweib Brünhild – das männlichen Schutzes nicht bedurfte – als anachronistisch empfunden werden mußte, als unaktuell, als inopportun sogar. Derlei Überlieferungen wurden verdrängt in des Wortes doppeltem Sinn, verdrängt aus der Vorstellungswelt ritterlicher Männerherrschaft wie auch verdrängt vom Kontinent, und sie wären wohl untergegangen, hätte sich nicht Island inzwischen als Rettungsinsel heimatvertriebener Sagen erwiesen.

Island – Rettungsinsel heimatvertriebener Sagen

Island, 103 000 Quadratkilometer groß, fernab im Nordmeer gelegen, zu einem Drittel Vulkanwildnis, wurde um 874 besiedelt. Die Einwanderer brachten aus ihren Heimaten uralte Sagen mit: die Heldensagen von heroischen Königen, tapferen Frauen und treuen Gefolgsleuten, die Mythen vom Göttervater Odin und seinen Walküren, vom Gewittergott Thor, vom Sonnengott Baldur, von der Liebesgöttin Freyja und der Totengöttin Hel, von anderen Göttern und Göttinnen, von Riesen und Zwergen und dämonischen Ungeheuern.

Während auf dem Kontinent sich politische, religiöse und weltanschauliche Umwälzungen vollzogen, während die Mythen verdarben, die Heldensagen der

Völkerwanderungszeit erloschen, die schriftlichen Überlieferungen vernichtet wurden, während also auf dem Kontinent jedes Jahrzehnt eine neue Entwicklung brachte, blieb auf Island die Zeit stehen.

Geschützt durch die schwer zugängliche Lage im Nordmeer konnten auf Island neben der behutsam eingeführten Christianisierung bis ins 13. Jahrhundert hinein germanische Religion, Lebensformen und Dichtkunst überdauern, konnten die auf dem Kontinent verfemten Göttermythen und anachronistisch gewordenen Heldensagen wie in einem Reservat gedeihen. Islands Dichter schrieben die archaischen Überlieferungen in Stabreimliedern und Prosatexten* nieder, die glücklicherweise erhalten blieben, gesammelt wurden und heute unter dem Gesamttitel *Edda* die wichtigste Dokumentation früher Heldensagen und die einzige zusammenhängende Darstellung germanischer Göttersagen bieten. Freilich: Die Edda überliefert nicht wort- und sinngetreu die Texte und Stoffe aus den Ursprungsländern, sondern mehr oder weniger isländisch modifizierte Varianten. Denn die an Islands Küste gleichsam angeschwemmten Sagen wurden abge-

* Die Zeit der Niederschrift ist unabhängig von der Zeit, zu der eine Sage entstand oder schon bekannt war. Die sogenannte Prosa-Edda beispielsweise wurde 1230 von Snorri Sturluson niedergeschrieben, also nach dem Nibelungenlied; sie dokumentiert aber natürlich Überlieferungen, die schon lange vor 1230 mündlich oder schriftlich tradiert wurden und demnach dem Nibelungendichter bekannt gewesen sein konnten.

schmirgelt und abgeschliffen wie Kiesel in der Meeresbrandung, wurden von den Mythendichtern verändert, »zersungen«, aus eigener Sicht interpretiert, auf politische Aktualität bezogen und in die vom Vulkanismus verzauberte Landschaft projiziert.

Und so geschah es wohl auch mit der Überlieferung von Brünhild: Erhalten blieb der archetypische und mithin resistente Kern, vor allem die Geschichte der mit Schild und Harnisch, Speer und Schwert kämpfenden Königin, die auf ideale Weise der germanischen Vorstellung von einer Walküre entsprach.

Walküren waren mythische Wesen, sogenannte Totenwählerinnen, die gepanzert und bewaffnet über Schlachtfelder schwebten, im Auftrag des Göttervaters Odin gefallene Helden wachküßten und im Fluge nach Walhall – einem Palast in der Götterburg Asgard – brachten.

Die Edda-Dichter also machten aus Brünhild eine Walküre und ließen ihre Geschichte in der Vulkanlandschaft Islands spielen.

Die Walküre im Flammenring

Einst begab es sich – so wird in Edda-Texten überliefert –, daß die Walküre Brünhild in eine Schlacht eingriff und deren Ausgang anders entschied, als Göttervater Odin es vorgesehen hatte. Zur Strafe verbannte Odin sie in einen Flammenring, in eine von Feuer umzingelte Burg, die es in Island wahrhaftig gibt.

Wie ich in meinem Buch *Asgard. Entdeckungsfahrt in die germanische Götterwelt* nachgewiesen habe, ist die mythische Flammenburg identisch mit dem längst erkalteten, zur Zeit des Ausbruchs in Flammen stehenden Ringwallvulkan Hverfjall am Mückensee, einem seltenen Vulkantyp, vergleichbar mit einer überdimensionalen Arena, kreisrund, 1200 Meter im Durchmesser und am oberen Rand seiner Umwallung so hoch wie der Kölner Dom (157 Meter). Aus der Göttersage von Gerda lassen sich zahlreiche Hinweise herauslesen und auf den Brünhild-Mythos beziehen, daß nämlich der Hverfjall-Vulkan den Edda-Dichtern als Bühnenbild für die sagenhafte Flammenburg gedient hatte. In dieser Flammenburg also sollte Brünhild schlafend liegen, bis einer es wagte, die wabernde Lohe zu durchreiten.

Nur einer schaffte die Mutprobe: Sigurd, der ruhmreiche Drachentöter und Besitzer des Hortes. (Sigurd ist die nordische Bezeichnung für Siegfried. Seine

Jugend, seine Abenteuer, der Drachenkampf und die Hortgewinnung werden in anderen Edda-Liedern ausführlich erzählt.) Er also spornt sein Roß, springt durch die Waberlohe und küßt Brünhild.

Sie erwacht und verliebt sich in ihn; er schwört ihr ewige Treue, schenkt ihr den Ring Andwaranaut und verspricht, sie bald als Braut heimzuholen. Dann zieht er fort.

Brünhild umgibt sich wieder mit dem Flammenring zum Schutz vor anderen Freiern und wartet. Keiner außer ihrem Verlobten, so glaubte sie, würde das Feuer zu überspringen wagen.

Sigurd unterdessen kam zum Volk der Niflungen an den Hof von König Giuki und erhielt einen Zaubertrank kredenzt, der ihn Brünhild vergessen ließ. Er heiratete die Königstochter Gudrun und schloß Blutsbruderschaft mit den Königssöhnen Gunnar und Högni. (Gunnar ist die nordische Bezeichnung für Gunther, Högni für Hagen. Wieweit Gudrun sich mit Kriemhild vergleichen läßt, wird uns später in anderem Zusammenhang beschäftigen.)

Als Gunnar dann König im Lande wurde, vernahm er von der schönen Brünhild im Flammenring. Begleitet von Sigurd und Högni zog er aus, um die Walküre zu freien. Da er die Waberlohe mit seinem Roß nicht zu durchspringen wagte, tauschte er mit Sigurd »Gestalt und Namen«. Beide vereinbarten von Mann zu Mann, daß Sigurd die Mutprobe für Gunther (Gunnar) vollziehen sollte – nicht aber das Beilager mit der überlisteten Walküre.

Sigurd springt, raubt Brünhild den Ring Andwaranaut, rührt sie drei Tage lang nicht an und gewinnt sie als Gemahlin – für König Gunther, mit dem er später Gestalt und Namen wieder zurücktauscht.

Der Betrug wurde erst Jahre später ruchbar, als es zum Streit der Frauen kam: Beim gemeinsamen Bad im Fluß entfernte sich Brünhild von Gudrun stromaufwärts, damit sie als Landeskönigin – so ihre Begründung – nicht vom abfließenden Waschwasser einer Geringeren berührt werde.

Gudrun erzürnte, erinnerte an den ruhmreichen Drachenkampf ihres Gemahls und trumpfte damit auf, daß er, Sigurd, es sei, der Brünhild durch die Mutprobe des Feuerritts listig für Gunnar gewonnen hatte. Zum Beweis zeigte sie den Ring Andwaranaut.

Brünhild, aufs tiefste verletzt, behauptete nun gegenüber ihrem Gemahl Gunnar – der Wahrheit zuwider –, daß Sigurd sie damals im Flammenring verführt hätte. Sie war sich bewußt, daß Gunnar den angeblichen Beischlafbetrug nicht als Verletzung ihrer Frauenehre ernst nehmen würde, wohl aber als fluchwürdigen Wortbruch unter Männern, als Verstoß gegen die heilige Ehrenpflicht von Freundestreue und Blutsbruderschaft. Damit erreichte sie, was sie wollte: Gunnar gab den Befehl zur Ermordung Sigurds – und sie rächte sich indirekt für den Brautwerberbetrug.

Nach dem Mord stellte sie Sigurds Ehre wieder her, indem sie die Wahrheit bekannte: »Er hat mich damals nicht berührt.« Und beim Begräbnis zeigte Brünhild, wie sehr sie ihn noch liebte: Sie ließ sich mit Sigurds Leichnam zusammen auf dem Scheiterhaufen verbrennen.

Laut nordischer Überlieferung kann Brünhild Sigurd verzeihen, denn er hat seinen Treueschwur ihr gegenüber durch Zauberkraft vergessen, ohne eigene Schuld. Im Nibelungenlied gibt es keine Vergebung. Siegfried hat sie ganz bewußt betrogen, hat die gemeinsame Liebe von früher bewußt verleugnet.

Brünhilds Heimkehr

Der Brünhild-Sage blieb noch ein erstaunliches Schicksal vorbehalten: Sie kehrte zusammen mit anderen Edda-Texten aus isländischer Emigration wieder in die Heimat zurück, aus der sie einst vertrieben worden war.

Auf dem Kontinent nämlich wurden solche Sagen von waffengewandten Königinnen, von heroischen Recken, von Drachenkampf, Flammenritt, von Freundestreue und bedingungsloser Blutsbruderschaft allmählich wieder populär – und zwar als literarisches Pendant zur deprimierenden Wirklichkeit der Stauferzeit, die trotz kultureller Blüte und überspitztem höfischem Zeremoniell geprägt war von moralischem Niedergang, vom Verfall ritterlicher Tugenden, vom Verlust traditioneller Ehr- und Treuebegriffe.

Der Barbarossa-Kreuzzug von 1189 bis 1192 beispielsweise, als glanzvolle Demonstration von Macht und Mut, Einigkeit und Würde gedacht, endete mit dem als Menetekel empfundenen Tod des Kaisers und einer bis dahin noch nie erlebten Demoralisierung des abendländischen Rittertums. Wohlgerüstete und waffengewandte Kreuzfahrer scheiterten an orientalischen Kampftaktiken; Hunderttausende wurden elend erschlagen; einige Überlebende traten zum Islam über, ließen sich als Söldner für mohammedanischen Militärdienst dingen oder schlugen sich gar als Raubritter durchs Heilige Land. Nur wenige aus dem gedemütigten Kreuzfahrerheer kehrten zurück. Unter ihnen war auch der Nibelungendichter, der daheim erleben mußte, wie Politik und Moral noch mehr ins Chaos trieben: Nach dem Tod Kaiser Heinrichs VI. im Jahre 1197 verpflichteten die rivalisierenden Herrscherhäuser der Staufer und Welfen ihre Verbündeten zu Mord, Verrat, Erpressung und Ränkespiel. »Treuebruch liegt im Hinterhalt, und nackte Gewalt beherrscht die Straße«, schrieb Walther von der Vogelweide damals.

Kaiser Friedrich I. und sein Sohn Friedrich von Schwaben (rechts) starben während des 3. Kreuzzuges. Links: König Heinrich, Sohn Friedrich Barbarossas. Buchmalerei, um 1180

Zu dieser Zeit beabsichtigte der Nibelungendichter »die ritterliche Verklärung des alten Reckentums« (Heusler, *Nibelungensage und Nibelungenlied*).

Er empfand wohl, wie viele andere auch, Sehnsucht nach dem »starken, primitiven Leben der Vergangenheit« (de Vries, *Heldenlied und Heldensage)*, nach den Ehr- und Treuebegriffen des früheren Gefolgschaftswesens, nach dem unkomplizierten Sittenkodex der germanischen Götterlehre – nach der Mentalität eben jenes »alten Reckentums«, das unter anderem die Edda-Sagen mythisch konserviert hatten.

Die Zeit auf dem Kontinent war also reif für die Rückkehr der alten Sagen aus Island. Sie wurden von Vaganten, Spielleuten und Dichtern übers Meer gebracht, übersetzt, umgedichtet zum Teil, an den Fürstenhöfen und auf den Burgen begüterter Lehnsmänner gesungen, unter anderem auch im Rhein- und Donauland, wo der Nibelungendichter wohlbewandert war. Sicherlich gab es auch Abschriften oder dokumentierte Umdichtungen, die in Klöstern des Kontinents archiviert wurden, vor allem in den berühmten Bibliotheken der Abtei von Lorsch und des Passauer Bischofssitzes.

Und diese gewissermaßen importierten Edda-Sagen gehörten nun zu den »alten Mären« – zu den Chroniken, Sagen, Legenden, dichterischen Zwischenstufen, mündlichen und schriftlichen Überlieferungen,

Heinrich VI., Kaiser und Dichter: Mit seinem Tod begann der Verfall des Rittertums. Aus der *Manessischen Liederhandschrift*

aus denen der Nibelungendichter schöpfte, als er zwischen 1200 und 1205 sein Heldenepos schuf.

Allerdings verarbeitete er, wie schon erwähnt, die »alten Mären« in aktualisierter Form, so, als würden Brünhild und die »alten Recken« zur Stauferzeit leben, eingefügt in christliche und höfische Lebensformen.

Deshalb mußte der Dichter – oder ein Bearbeiter von ihm? – die germanisch-heidnische Walküre Brünhild des Göttervaters Odin in eine waffentragende Königin verwandeln, die Hochzeit hielt nach kirchlichem Brauch. Das Bad im Fluß durfte er den von höfischer Lebensart verwöhnten Edelfrauen der Stauferzeit nicht zumuten. Also inszenierte er den Streit der Königinnen vor dem Nordportal des Wormser Doms. Mit dem Flammenring – einem vulkanischen Phänomen, das nur isländischen Mythendichtern vertraut war – konnte er nichts anfangen, und deshalb machte er aus der mythischen Mutprobe des Feuerritts die drei lebensbedrohenden Wettkampfbedingungen: Speerwurf, Steinwurf und Weitsprung.

Im Nibelungenlied erinnern nur die dämonische Kraft auf dem Turnierplatz und im Hochzeitsbett an Brünhilds mythisches, walkürenhaftes Wesen. Deshalb war sie unbesiegbar für König Gunther, einen Menschen aus Fleisch und Blut.

Besiegen konnte sie nur Siegfried, der Mensch und Mythos in einem war: einesteils ein Ritter christlicher

Prägung, Königssohn aus Xanten, ein Kind seiner Zeit, höfisch und christlich erzogen – und andererseits Drachenkämpfer, Riesentöter, Feuerreiter, Besitzer des sagenhaften Hortes, unbesiegbar dank seiner Zauberwaffen, ausgestattet mit der unsichtbar machenden Tarnkappe, hieb- und stichfest dank einer Hornhaut und tödlich verletzbar nur an einer einzigen Stelle.

Gab es diesen Siegfried wirklich? Gab es ein historisches Vorbild für den Drachenkämpfer?

Hat Siegfried gelebt?

Siegfried

Arminius oder Held der Ostgoten?

Siegfried aus dem Nibelungenlied ist mit Sigurd aus den Edda-Sagen identisch, nur dichterisch weiterentwickelt und psychologisch feinfühliger differenziert. Wir müssen also für Siegfried und Sigurd ein und denselben stoffgeschichtlichen Ursprung suchen.

Theoretiker haben verschiedene historische Gestalten aus der Versenkung geholt und mit Siegfried zu identifizieren versucht. Auf der Bühne des Nibelungenliedes, im Rampenlicht sachlicher Überprüfung besehen, schwanken die Gestalten allerdings beträchtlich.

Einigen Forschern schien es naheliegend, den Merowingerkönig Sigibert I. – Brünhilds Gemahl – als Siegfried zu verdächtigen. Bestechend ist die Ähnlichkeit der Namen, bestechend auch, daß Sigibert I. – wie

Siegfried – sich Verdienste im Krieg gegen die Sachsen erworben hat. Vor allem aber überzeugt die Vertreter dieser Theorie, daß Sigibert I. der Gemahl von Brünhild war und auf Veranlassung ihrer Gegenspielerin (Fredegunde) nach einem Streit der Königinnen ermordet wurde.

Doch gerade dieses Argument erweist sich als Gegenargument: Die Dramatik des Siegfried-Brünhild-Konflikts steht und fällt doch damit, daß Siegfried eben nicht der Gemahl von Brünhild war. Daß er Brünhild nicht für sich, sondern für einen anderen gefreit hat. Daß er deshalb nach dem Streit der Königinnen auf Veranlassung Brünhilds – und nicht ihrer Gegenspielerin! – ermordet wurde. Geschichtliche Überlieferung und Nibelungendichtung widersprechen einander just im sensiblen Punkt des Motivs. Sigibert I. muß wohl aus dem Rennen scheiden.

Einer anderen Theorie nach ist Siegfried identisch mit Arminius, dem ruhmreichen Stammesfürsten der Cherusker, der im Jahre 9 nach Christus im Teutoburger Wald die Römer schlug und im Jahre 19 ermordet wurde. Ruhm und Mord hier wie dort, so schwärmen die Verfechter dieser Theorie, und außerdem sei die Ähnlichkeit der Namen in der Tat verblüffend.

Verblüffend alleine ist die Argumentation, mit der begründet wird, daß Siegfried und Arminius ähnliche Namen tragen: Alle Verwandten von Arminius hatten

Namen mit den Anfangssilben *Seg-*: Segimer hieß sein Vater, Segestes sein Oheim, Segimund sein Vetter, Segithak sein Neffe. Und deshalb sei anzunehmen, so sagen die Theoretiker, daß Arminius gar nicht den Namen Arminius, sondern einen Namen mit der Anfangssilbe *Seg-* geführt habe: Segfried wahrscheinlich. Und schon ist Siegfried aus der Manschette gezaubert. So einfach ist das.

Überflüssig zu sagen, daß der Trick nicht zieht. Die Arminius-Theorie wird vom größten Teil der Wissenschaft abgelehnt.

Eine andere heiße Spur Siegfrieds glaubten Forscher in den Schriften des byzantinischen Geschichtsschreibers Prokop (500 bis um 560) entdecken zu können.

Prokop berichtet von Uraja, dem ruhmreichen und edelmütigen Recken der Ostgoten, Besitzer eines großen Schatzes und Neffe des Königs Witigis. In den Jahren 538 und 539 hatte Uraja mehr römische Heere besiegt als der König selbst. Seinen Edelmut bewies er, wie es in den Aufzeichnungen Prokops anerkennend heißt, unter anderem dadurch, daß er die jungen Frauen der von ihm eroberten Stadt Mailand nicht für die eigenen Truppen in Anspruch nahm, sondern den Heeren der verbündeten Burgunder schenkte.

Die Verfechter der Uraja-Theorie erblickten hierin einen Zusammenhang mit der Siegfried-Story: Auch

Siegfried hat eine Frau – Brünhild – besiegt und dem Burgundenkönig Gunther überlassen. Damit nicht genug. Uraja wurde auch das Mordopfer eines Streites zwischen zwei Frauen, der sich beim Baden abspielte. Und das kam so:

Nach der Gefangennahme des Ostgotenkönigs Witigis drangen die Vornehmen in Uraja mit der Bitte, er solle nun die Krone tragen. Uraja indes wollte das Unglück seines Oheims nicht ausnützen und empfahl als fürstlichen Nachfolger seinen Freund Ildibad (Hildebad), der kurz darauf König der Ostgoten wurde.

»Uraja aber« – so berichtet Prokop – »hatte ein Weib, das an Reichtum und Schönheit mit keiner der Ostgotenfrauen vergleichbar war. Einst ging sie ins Bad, bekleidet mit reichem Schmuck und umschart von ihrer vielköpfigen Dienerschaft. Nun fügte es der Zufall, daß zur selben Zeit auch das Weib des Ildibad im Bade weilte. Urajas Weib aber begrüßte die andere nicht als Gemahlin des Königs, sondern sah mit Hochmut und Geringschätzigkeit über sie hinweg. Die Frau des Ildibad ward sogleich erzürnt und forderte Ehrerbietung. Da aber sagte Urajas Weib: ›Mein Gemahl sollte ursprünglich König sein. Er verzichtete darauf, und er hat Ildibad zum König und dich zur Königin gemacht.‹ Daraufhin ward die Gemahlin des Ildibad von großem Schmerz ergriffen. Sie ging zu ihrem Gemahl, forderte Rache und bedrängte ihn so lange, bis er Uraja durch Meuchelmord töten ließ.«

Urajas Tod blieb nicht ungerächt. Ein Leibwächter im Königspalast war es, der Ildibad ermordete. Die Tat ist insofern bemerkenswert, als sie ein selbst für damalige Verhältnisse durchaus ungewöhnliches, ja einprägsames Schauspiel bot: Bei einem Festmahl nämlich »wurde dem König, als er sich just über die Speiseschüssel beugte« – so berichtet Prokop – »hinterrücks der Kopf abgeschlagen«.

Der Heilige von Xanten?

Die Uraja-Theorie – mag sie auch von manchen Forschern mit bewundernswerter Unermüdlichkeit verfochten werden – hat wie alle anderen historischen Deutungsversuche weder Hand noch Fuß.

»In Wahrheit sind das alles Gedankenspiele ... Siegfrieds Gestalt und Siegfrieds Geschick erfahren keine wirkliche Erhellung, wenn man sie sich durch willkürliche Umbildung und Umbenennung geschichtlicher Ereignisse und Personen entstanden denkt.« (Schneider, *Siegfried*)

Wer nach dem literarischen Vorbild von Siegfried sucht, der darf den Kreis verdächtiger Personen nicht historisch einengen und einige zufällige Gemeinsamkeiten als Beweise werten – der muß vielmehr ins Fabelland der Sagen und Legenden sich hinauswagen und dort nach einem Drachenkämpfer fahnden, nach dem Feuerreiter und Riesentöter, nach dem Besitzer von Zwergenhort und Wunderwaffen.

Zumindest ein Drachenkämpfer läßt sich sehr schnell finden, und zwar – erstaunlich genug – in Xanten, wo Siegfried laut Nibelungenlied heranwuchs.

Dieser Drachenkämpfer war früher sogar zu sehen: auf einem Relief über der Michaelskapelle unweit des Xantener Domes. Dicht daneben hing ein zweites Relief, das einen Löwenkämpfer darstellte. Während des Zweiten Weltkrieges zerbarsten beide Bilder im Bombenhagel, und wenn wir heutzutage eine Vorstellung davon gewinnen wollen, so müssen wir in alten Beschreibungen nachlesen, beispielsweise in Beissels *Die Bauführung des Mittelalters* aus dem Jahre 1889. Demnach waren es zwei »Flachbilder aus gelbbraunem Sandstein, die, mehr als einen Meter hoch und einen halben Meter breit, alle Beachtung verdienen, weil sie ... zu den ältesten plastischen Denkmälern des Mittelalters gehören ... Die Steinskulpturen, welche ziemlich allgemein der Zeit um 1000 zugeschrieben werden, zeigen zwei Ritter in Kettenpanzern ... In der Rechten halten die Ritter einen Speer, dessen Ende sie in den Rachen eines Ungetüms drücken.« Der eine

1 Siegfrieds Kampf mit dem Drachen. Buchmalerei, 13. Jahrhundert

2 Sigurdsage der Edda. Schnitzarbeiten an den Türpfosten der Kirche von Hylestad, Norwegen, um 1200

3 Oben: Burgundischer Recke. Versilberte Schnalle aus Lavigny 4 Unten links: Der Reiter von Hornhausen. Grabdenkmal vom Salberg bei Hornhausen, 7. Jahrhundert 5 Unten rechts: Alemannischer Spangenhelm von Gammertingen. 7. Jahrhundert

6 Oben: Theoderich der Große, das literarische Vorbild für Dietrich von Bern. Münze, 5. Jahrhundert 7 Unten: Kampf zwischen Theoderich dem Großen und Odoaker, der allerdings von Theoderich erdolcht wurde. Miniatur, 13. Jahrhundert

8 Das Grabmal Theoderichs des Großen bei Ravenna. Rundbau aus Kalkstein, 6. Jahrhundert

9 Awarischer Reiter auf einem Medaillonkrug aus dem Schatz von Nagyszentmiklós. 6. bis 8. Jahrhundert

10 Karl der Große, ein Lehnsherr Hagens von Tronje?
Bronzestatue, 9. Jahrhundert

11 Heinrich der Zänker, Herzog von Bayern, Vater Giselas.
Buchmalerei, um 990

Ritter ersticht, wie schon gesagt, einen Drachen, der andere einen Löwen.

Der Löwenkämpfer stellt nach Auffassung von Historikern wahrscheinlich den heiligen Gereon dar, der Drachenkämpfer mit Sicherheit den heiligen Viktor, dessen Verehrung in Xanten seit eineinhalb Jahrtausenden nachweisbar ist.

Viktor war, der Legende nach, Bekenner des Christentums, römischer Offizier und Anführer einer in Colonia Ulpia Traiana – dem heutigen Xanten – stationierten Kohorte. Als er im September 286 sich weigerte, römischen Göttern zu opfern, ertränkten Häscher des Kaisers Maximian ihn und dreihundertdreißig seiner Soldaten in den Sümpfen unweit des Lagers. Ein ähnliches Schicksal soll zur gleichen Zeit der heilige Gereon, Kohortenführer in Köln, erlitten haben. Nach seinem Tod, so heißt es, soll er nach Colonia Ulpia Traiana überführt und zusammen mit dem heiligen Viktor begraben worden sein.

Dieser Legende zufolge wurde das Römerlager ab 320 »ad sanctos« – »zu den Heiligen« – genannt. Daraus entwickelte sich später »ze Santen« – wie es im Nibelungenlied heißt – und schließlich das heutige Xanten.

Zu Ehren des heiligen Viktor errichteten die Bürger aus »ad sanctos« im Jahre 385 ein hölzernes Totenhaus, hundert Jahre danach einen Steinbau, zu Beginn des zwölften Jahrhunderts eine romanische Basilika und ab 1263, unter Verwendung früherer Bauteile, den gotischen Viktordom mit Kreuzgang, romanischer Westchorhalle und dem ältesten Chorgestühl des Rheinlandes.

Im Jahre 1933 förderten archäologische Ausgrabungen unter dem Xantener Münster ein Doppelgrab mit den Schädeln und Gebeinen zweier Männer zutage, die, wie anthropologische Untersuchungen ergaben, im Alter zwischen fünfunddreißig und vierzig Jahren durch Gewalteinwirkung den Tod gefunden haben.

Es wird nun mit hoher Wahrscheinlichkeit angenommen, daß in diesem heute zur Besichtigung freigegebenen Doppelgrab die Gebeine der beiden Heiligen liegen, nach denen Xanten benannt ist: St. Viktor und St. Gereon.

Lokalhistoriker verfechten die These, daß der heilige Viktor – dessen Abbildung auf dem Relief der Nibelungendichter gesehen haben könnte – das literarische Vorbild für Siegfried ist.

Drei Argumente sprechen dafür: erstens die Geschichte vom Drachenkampf, zweitens die Lokalisierung beider Gestalten in Xanten und drittens der Name. Viktor heißt, ins Deutsche übersetzt, »Sieger«.

Aber wie, so muß man skeptisch fragen, ist die christliche Verehrung eines Heiligen mit Siegfrieds mythischem Rabaukentum vereinbar? Der Siegfried

Der heilige Viktor von Xanten. Zeichnung nach einer alten Photographie

des Nibelungenliedes war zwar einerseits ein christlich und höfisch erzogener Ritter der Stauferzeit, aber andererseits, wenn man so sagen darf, ein Playboy aus germanischer Epoche, eine Art Vorzeit-Macho mit einer ganzen Latte von Schandtaten: Er versprach Brünhild die Ehe, verließ sie dann, überlistete sie im Wettkampf und bezwang sie im Hochzeitsbett stellvertretend für ihren Gemahl. Indiskret war er noch dazu, denn er prahlte seiner Gemahlin Kriemhild gegenüber mit den Erfolgen bei Brünhild. Und er verprügelte Kriemhild, als sie die Geschichte weitererzählte – »er zerbläute ihr den Leib«, wie es im Nibelungenlied heißt.

Siegfried hat zudem den Hort aus Habgier erbeutet und dabei zwei Fürsten und siebenhundert Gefolgsleute erschlagen. Das war Raubmord, nicht nur nach den Gesetzen unserer Tage, sondern auch nach den Moralvorstellungen der staufischen Epoche, als man sehr wohl zu unterscheiden wußte zwischen Kampf und Mord, zwischen legaler und verbotener Bluttat.

So besehen kann man einen Heiligen wohl schwerlich als literarisches Vorbild für Siegfried akzeptieren. Vorstellbar wäre allenfalls, daß der Nibelungendichter den Drachenkämpfer Siegfried in Xanten aufwachsen läßt, weil dort der Drachenkämpfer Sankt Viktor – der »Sieger« – verehrt wurde.

Ein germanischer Gott?

Auch im germanischen Mythos haben Forscher nach Spuren Siegfrieds gefahndet.

Bei oberflächlicher Betrachtung läßt sich sehr schnell eine ins Auge springende Beziehung herstellen zwischen Siegfried und Baldur, dem germanischen Gott der Sonne und des Lichtes, der Reinheit und wahrscheinlich auch des Friedens.

Er ist, wie Siegfried, der beliebte, allseits geachtete und glanzvolle Held – und er stirbt auf ganz ähnliche Weise. Der Mord an ihm wird – wie die Bluttat an Siegfried – durch böse Träume angekündigt. Beide Helden sind unverletzbar, bis auf eine Ausnahme: Baldur kann nur mit dem Mistelzweig getötet werden, Siegfried nur zwischen den Schulterblättern. Die Mörder von Baldur (Loki) und Siegfried (Hagen) sind Vertraute ihrer Opfer. Deshalb erfahren sie das Geheimnis der Verwundbarkeit von besorgten Frauen. Im Baldur-Mythos ist es die Mutter, die den Mörder arglos informiert, im Nibelungenlied die Gemahlin. Baldurs Frau Nanna »zersprang vor Jammer und starb«, als ihr Gemahl eingeäschert wurde. Brünhild stieg – laut Edda-Sagen – zu Siegfried auf den Scheiterhaufen und starb mit ihm.

Zu denken gibt auch, daß die einzige schriftliche Überlieferung von Baldur und die wichtigste nordische

Überlieferung von Siegfried (Sigurd) in der Edda niedergeschrieben wurden, zum Teil sogar von ein und demselben Dichter: von Snorri Sturluson, der in seiner Prosa-Edda über den Mord an Baldur und den Mord an Sigurd ausführlich berichtet.

Es ist deshalb mit Sicherheit anzunehmen, daß die Dichter zumindest Teile einer archetypischen Mordgeschichte im Sigurd-Mythos und auch im Baldur-Mythos gleichermaßen verarbeitet haben. Das wäre aber auch schon alles.

Ansonsten spricht nichts weiter dafür, daß Siegfried – wie manche Wissenschaftler behaupten – identisch ist mit dem Sonnengott Baldur. Zu viele Gegensätze lassen sich finden:

Baldur wird in der Edda als »der weiseste, beredtste und mildeste von allen Asen« beschrieben. – Siegfried aber ist nicht weise und schon gar nicht milde, allenfalls beredt im Sinne indiskreter Prahlsucht.

Baldur wird, laut Edda, »der Gute« genannt – Siegfried aber kann man allerlei nennen, nur »den Guten« nicht.

Baldur war der Gott der Reinheit – Siegfried aber ein rücksichtsloser Frauenheld.

Baldur war wohl auch der Gott des Friedens – Siegfrieds Lebensweg aber säumen die Leichen seiner im Kampf erschlagenen oder ermordeten Gegner.

Und wo soll im Baldur-Mythos der sagenhafte

Schatz sein, den Siegfried-Sigurd erbeutete? Und wann hat Baldur mit übermenschlicher Kraft und seinen Zauberwaffen einen Drachen und zwölf dämonische Riesen erschlagen oder den rabiaten Zwerg Alberich gebändigt? Nichts davon ist von Baldur überliefert.

»Siegfried kam von Anfang an daher«

Bei sorgfältiger Abwägung laufen alle Siegfried-Theorien auf dasselbe hinaus: Weder in Mythos und Legende noch in historischer Überlieferung läßt sich eine Gestalt finden, die ernsthaft als literarisches Vorbild für Siegfried in Erwägung gezogen werden kann.

Die Frage drängt sich nun auf, ob er denn überhaupt ein Vorbild gehabt hat. Der Germanist Hermann Schneider ist überzeugt: »... Siegfried kam von Anfang an daher...«

Schneiders einleuchtende und von der Nibelungenforschung weitgehend akzeptierte Theorie würde bedeuten, daß Siegfried der Inbegriff des Heros ist, ein Fabelwesen menschlicher Phantasie, eine Schöpfung des kollektiven Unterbewußtseins – daß er ohne Vorbild und mithin selber Urform ist.

Siegfried also: der archetypische Held!

Wenn die Theorie stimmt, wenn er tatsächlich der archetypische Held ist, dann muß er zeitlos sein. Dann

Sigurd tötet den runenbedeckten Drachen Fafnir. Felszeichnung am Ramsundsberg in Schweden, 11. Jahrhundert

muß es ihn auch heute noch geben, freilich in moderner Gestalt, in modernem Gewand, mit anderem Namen. Dann wäre er unter uns. Wir würden ihn alle kennen.

Wir müssen ihn nur noch finden.

Fassen wir Siegfrieds archetypische Wesenszüge zusammen, damit wir uns bei der Suche nach ihm leichter tun:

– Siegfrieds Gegner sind unter anderem der Drache, die Riesen und der wunderkräftige Zwerg Alberich: Verkörperungen des Bösen, schauerliche Dämonen, Schreckgestalten, die mit normalen Waffen nicht bezwungen werden können.
– Siegfried aber besitzt Zauberwaffen, die kein anderer hat und die es ihm möglich machen, solche Gegner denn doch zu besiegen: das Schwert Balmung und den Kraftgürtel. Die Tarnkappe macht ihn unsichtbar. Seine Hornhaut schützt ihn – bis auf eine verletzliche Stelle – wunderbar vor Hieb und Stich.
– Siegfried kämpft auf abenteuerliche Weise um einen unermeßlichen Schatz und erschlägt dabei Fürsten und Gefolgsleute.
– Siegfried verfügt als Hortbesitzer über unbeschränkte Geldmittel.
– Siegfried tötet gelegentlich unter Verstoß gegen geltende Gesetze und Moralvorstellungen. Und doch sind ihm die Sympathien des Dichters und des

Publikums sicher. Niemand kommt auf die Idee, ihm solche Taten als Morde anzulasten. Siegfried also hat das Recht, er hat die stillschweigende, selbstverständliche Erlaubnis zu töten. Nach eigenem Ermessen, ohne sich ums Gesetz zu scheren. Solches Recht steht nur dem archetypischen Helden zu.

– Siegfried (Sigurd) befreit Brünhild aus einer Zwangslage: aus dem Flammenring. Im Nibelungenlied sind es die drei Wettkampfbedingungen, die Brünhild schützen sollen und die nur einer zu bestehen vermag: Siegfried.
– Siegfried ist beim Publikum beliebt, obwohl er mit Frauen deftig umspringt. Er enttäuscht und verläßt die von ihm erlöste Brünhild, verführt sie im ehelichen Schlafgemach König Gunthers aus Gründen der Zweckmäßigkeit, er prahlt damit herum und »zerbläut« auch wohl noch beiläufig seiner Gemahlin Kriemhild »den Leib«.
– Siegfried ist ein Mann der höfischen Etikette. Er fordert sie auch von anderen. Seine Beachtung der gesellschaftlichen Form bringt ihm sogar den Tod. Er wartet nämlich an der Mordstelle, bis der Jagdherr, König Gunther, als erster getrunken hat – und gibt damit Hagen genügend Zeit für den heimtückischen Speerstoß.
– Siegfried kann von Hagen nur ermordet werden, weil seine einzige verletzliche Stelle verraten wird.

Wo also ist heute der Mann, auf den die Beschreibung zutrifft? Wer ist der Siegfried unserer Tage?

Der Agent, der nicht sterben darf

James Bond ist es ganz offensichtlich. Agent 007 ihrer Majestät, Sexprotz, Kraftmeier, Spesenritter und superber Schläger in geheimer Mission, der populärste Roman- und Filmheld unserer Zeit.

Sein Schöpfer, der Schriftsteller Ian Fleming, hat – bewußt oder unbewußt – fast alle archetypischen Elemente des Siegfried-Mythos verarbeitet.

Über James Bond sind viele gelehrte Abhandlungen verfaßt worden, von Schriftstellern, Journalisten, Professoren, Psychologen und Philosophen. Was die meisten von ihnen schrieben, bestätigt auf verblüffende Weise die meiner Meinung nach ins Auge springende Identität von Siegfried und James Bond, ohne daß allerdings der Name Siegfrieds fallen würde:

– James Bond ist – wie Siegfried – der »Archetyp des Helden...« (Fausto Antonini, Professor für Philosophie an der Universität Rom, in *Psychoanalyse von James Bond*).
– James Bond kämpft – wie Siegfried – gegen dämonische Wesen: monströse Verkörperungen des Bösen, übermenschliche Schreckensgestalten

zum Teil, die mit üblichen Waffen nicht bezwungen werden können. Bonds Gegenspieler Blofeld »ist ein Dämon, der menschliche Gestalt angenommen hat«, schreibt Ian Fleming in seinem Buch *Thunderball*. Er legt diesen Satz einem seiner Protagonisten – Tiger Tanaka – in den Mund. Mehrere Kommentatoren ziehen sogar den Vergleich mit Drachen heran. »James Bond ist der Ritter, und der Bösewicht ist der Drache«, schreibt beispielsweise Umberto Eco, Professor für Semiotik an der Universität Bologna und weltberühmter Verfasser von *Der Name der Rose*. (Eco, *Die erzählerischen Strukturen in Flemings Werk*)

– James Bond besitzt – wie Siegfried – ungewöhnliche Waffen, die es ihm möglich machen, seine dämonischen Gegner zu besiegen. Es sind gewissermaßen Zauberwaffen aus der Hexenküche moderner Technik. Denn: »Bond ist der Held im herkömmlichen Sinn, inkarniert aber in der hypertechnifizierten und wissenschaftlichen Welt von heute.« (Antonini) Zu diesen Waffen zählen beispielsweise Flammenwerfer in den Auspuffrohren seines Autos, schnell zusammenschraubbare Kampfhelikopter im Aktentaschenformat, schußbereite Patronen im Füllfederhalter und, wenn man so will, ein unsichtbares Schwert: der Laserstrahl.
– James Bond kämpft – wie Siegfried – um Schätze:

um den Goldschatz von Fort Knox beispielsweise, um die Goldreserven der Bank von England und so weiter.

– James Bond ist nicht reich, aber als Agent ihrer Majestät verfügt er – und nun gleicht er wieder Siegfried – »über mehr Geld als irgendein Nabob oder Industriekapitän« (Antonini). Bond »gibt großzügig Währungen aller Länder aus…, hat praktisch eine grenzenlose Geldreserve zur Verfügung« (Barbato, *Das Glaubwürdige und das Unglaubwürdige in den Filmen um 007)*.

– James Bond tötet – wie Siegfried – gelegentlich unter Verstoß gegen geltende Gesetze und Moralvorstellungen, ohne seine Sympathien beim Publikum einzubüßen. Er hat das Recht, er hat sogar die Erlaubnis zu töten. Nach eigenem Ermessen, ohne sich ums Gesetz zu scheren. Und dieses Recht hat James Bond als 007-Agent ganz offiziell, vertraglich zugesichert. Ian Fleming wird nicht müde, in seinen Büchern darauf hinzuweisen. Diese Erlaubnis ist nicht zu vergleichen mit dem Notwehrparagraphen, der das Töten eines Angreifers erlaubt, nicht mit dem Schießbefehl für den Soldaten, nicht mit dem Auftrag, der den Henker vor Strafverfolgung schützt. – Sie ist vielmehr ein archetypisches Privileg des Helden: »Die Erlaubnis zu töten im

Rahmen eines zyklopischen Kampfes, aber mit einer notfalls unanfechtbaren Vollmacht...« (Antonini)

– James Bond befreit – wie Siegfried – Frauen aus einer Zwangslage, um sie zu lieben. Er »ist der Prinz, der Dornröschen aus dem Schlaf küßt« (Eco). Der Vergleich trifft durchaus auf Siegfried zu. Denn nach mythologischer Lehrmeinung ist die Dornröschenhecke mit Brünhilds Flammenring gleichzusetzen: hier wie dort ein Hindernis, das zum Schutz einer Frau hervorgezaubert wird. Hier wie dort vermag nur der Held das Hindernis zu überwinden und die Frau durch einen Kuß zu erlösen. In Ian Flemings Roman »findet [man] also... den Archetyp... wieder, der sich ja auf den Mechanismus der magischen Befreiungsgeste stützt: ...Dornröschen in der Erwartung des Kusses, der sie dem Leben zurückgibt« (Colombo, *Bonds Frauen*).

– James Bond behandelt – wie Siegfried – die Frauen auf miserable Weise und bleibt doch beim Publikum beliebt. Er verführt und betrügt sie aus Gründen geheimdienstlicher Zweckmäßigkeit, übt wenig Diskretion und setzt seine Nahkampfausbildung ab und an auch im Umgang mit Damen ein. »Der Mister Bond ist ein ... Rohling, der sich Frauen gegenüber wie ein Schuft benimmt«, schreibt Terence Young, Regisseur vieler James-Bond-Filme, in einem Zeitungsartikel (*Le Nouvel Observateur*, 25. 2. 1965). Und: Was die Schlafzimmertür anlangt, kennt Bond – wie Siegfried – »weder Ehre noch Kodex« (Snelling, *Double O Seven. James Bond. A Report*).

– James Bond ist – wie Siegfried – ein Mann, der auf Umgangsformen großen Wert legt. Wie Siegfried bringt auch er sich in Gefahr, um in der Gesellschaft nicht etikettewidrig aufzutreten. Er erwartet tadelloses Benehmen auch von anderen. »Und niemand kann seine Achtung gewinnen, der Formfehler begeht.« (Colombo)

Von allen Kommentatoren des James-Bond-Phänomens hat, soviel ich feststellen konnte, nur einer den Namen Siegfrieds in die Diskussion gebracht: der Schriftsteller Dino Buzzati, 1906–1972. In einem Zeitungsartikel bezeichnet er James Bond unter anderem als einen »neuen Siegfried« (*Corriere della Sera*, 9.3. 1965).

Die Gemeinsamkeiten zwischen Siegfried und James Bond sind in vielen Punkten frappierend. In einem aber unterscheiden sie sich lebhaft: Für James Bond gibt es keinen Hagen von Tronje – keinen Mörder. Er darf nicht sterben.

Aus gutem Grund: James Bond soll weiterhin Geld in die Kinokassen bringen.

Hagen von Tronje

Der »tiuvel« selbst

Siegfrieds Mörder – Hagen von Tronje, vornehmster Vasall der burgundischen Könige – verkörpert das Treueprinzip des germanischen Gefolgschaftswesens: Er tötet aus Treue – und aus Treue geht er in den Tod.

Aus Treue ist er ehrlich, zuverlässig, unbeugsam und unbestechlich, aber auch verschlagen und verlogen, voller List und voller Trug, ein »mortgrimmeger man« und gar der »tiuvel« selbst.

Sein Blick ist »eislich« (schrecklich) und sein Aussehen »vorhtlich« (fürchterlich).

Kriemhild haßt ihn bis in den Tod. Rüdigers Tochter soll ihn küssen – und schreckt zurück: »Sie hätt' es lieber nicht getan.« Rüdigers Gemahlin Gotelind aber schenkt ihm den Schild ihres toten Sohnes. Und die weisen Frauen am schönen Brunnen warnen ihn – und keinen anderen – vor der Reise ins Hunnenland.

Eine rätselhafte Gestalt.

Eine harte Nuß für jeden Forscher, der Hagens Herkunft stoffgeschichtlich zu ergründen versucht.

Lokalhistoriker sind emsig bemüht, Hagen als historische Gestalt in ihrer Heimatscholle zu verwurzeln. Denn als Zugnummer des Fremdenverkehrs wäre Siegfrieds Mörder überall willkommen. Wo immer ein Ort einigermaßen nach Tronje klingt, wird nach Hagen gefahndet. Im belgischen Tongeren beispielsweise, im flämischen Tournai, in Troyes an der Seine, im wallonischen Trogne, in Trognon bei Verdun, im ehemaligen Troien bei Straßburg und auch im norwegischen Drontheim. Nirgendwo ließ sich ein Hagen von Tronje aus den Archiven herausstöbern, außer auf Burg Thronek an der Drohn im Hunsrück. Dort gab es im 12. Jahrhundert einen Burgherrn namens Hagano, einen Hagano von Thronek also, der sagenhaft überzeugend klingt, aber niemals identisch sein kann mit dem berühmten Hagen von Tronje.

Denn Hagen war schon lange vor dem 12. Jahrhundert eine Gestalt der abendländischen Sage, besungen unter anderem in Edda-Liedern, im *Waltharilied* des 9. Jahrhunderts und in den Werken der französischen Heldenepik.

Dieser Hagen aber – der literarische Urahn des

grauenvoll-faszinierenden Siegfriedmörders aus dem Nibelungenlied – wird vergleichsweise blaß und farblos geschildert, unkompliziert in seinem Gemüt, ohne dämonische, archetypische oder mythische Züge. Er hieß auch nicht »von Tronje«. So nannte ihn erst der Nibelungendichter, wohl in Anklang an den ursprünglichen Namen, der unter anderem im *Waltharilied* überliefert ist: »Hagano von Troia«.

Der Mann aus Troja?

Mit dem Namen »Hagano von Troia« glauben viele Forscher die stoffgeschichtliche Herkunft Hagens enträtseln zu können. Troia nämlich klingt unbestreitbar nach Troja, der berühmtesten Stadt des griechischen Mythos, dem Bühnenbild von Homers Epos *Ilias*.

Könnte Hagen etwas mit Troja zu tun haben?

Auf den ersten Blick scheint die Frage hanebüchen zu sein. Wie soll Hagen aus der deutschen Heldensage in Verbindung gebracht werden mit Agamemnon, Achilleus, Odysseus, Hektor und Äneas oder gar mit dem Trojanischen Pferd?

Und doch kann etwas dran sein an der Troja-Theorie.

Troja gab es wahrhaftig, wie wir heute wissen. Heinrich Schliemann hat gegen Ende des vorigen

Jahrhunderts die Ortsbeschreibungen der Texte Homers entschlüsselt und daraufhin Trojas Ruinen bei Hissarlik an der Nordwestspitze Kleinasiens entdeckt. Bei Ausgrabungen stellte er fest, daß Troja völlig vernichtet worden war, ob durch Erdbeben, Feuersbrunst oder einen (Trojanischen?) Krieg, sei dahingestellt.

Die Geschichte vom Untergang Trojas wurde im 6. Jahrhundert nach Christus von burgundischen Chronisten aufgegriffen. Sie berichteten unter Berufung auf alte Quellen, daß Priamos, der letzte König von Troja, mit einigen Überlebenden aus der zerstörten Heimatstadt geflüchtet sei und nach langer Wanderung endlich am Rhein ein neues Troja aufgebaut habe.

Die Beteiligung von Priamos – einem mythischen (geschichtlich nicht nachgewiesenen) Helden – mag an dieser Geschichte phantasievolle Arabeske sein, aber glaubhaft und sogar sehr wahrscheinlich ist durchaus, daß Einwanderer aus Kleinasien tatsächlich am Rhein eine Niederlassung gegründet und nach ihrer Heimatstadt Troja benannt haben.

Es gibt nämlich eine Stadt am Rhein, die früher Troja hieß und zur Römerzeit Colonia Ulpia Traiana genannt wurde: Xanten, die Heimat Siegfrieds. Die heutige Nibelungenstadt.

In mehreren alten Quellen ist der Name Troia oder Klein-Troia für Xanten nachgewiesen. Und im 9. Jahrhundert soll dort ein treuer Gefolgsmann von Kaiser

Karl dem Großen gewohnt haben. Er hieß laut Chroniken: »Hagen, Graf von Klein-Troia, heute Santen« oder »Hagano von Troyen, beheimatet zu Klein-Troja oder Santen«.

Hagen von Tronje also: ein treuer Vasall von Kaiser Karl, wohnhaft in Xanten, einer Stadt am Rhein, die einst von Überlebenden des Trojanischen Krieges errichtet worden war und die später der Nibelungendichter als Siegfrieds Heimat beschreiben wird!?

Eine atemberaubende Vorstellung, die uns indes nicht unbedenklich mitreißen darf. Denn die beiden Chroniken über Hagen von Troja stammen aus dem 15. Jahrhundert; sie werden von anderen Informationen nicht bestätigt; die Verfasser der Chroniken berufen sich auch nicht, wie sonst üblich, auf selbst eingesehene Dokumente aus der lange zurückliegenden Zeit, über die sie schreiben. Und aus Kaiser Karls Epoche sind uns keine Nachrichten über einen Hagen von Troja bekannt. Skepsis ist geboten.

Sicher wissen wir nur, daß Hagen eine vielbesungene Gestalt der Heldensage war. Aber ansonsten schlägt er, wenn man so sagen darf, der Nibelungenforschung ein Schnippchen. Mehr läßt sich Hagen von Tronje nicht nachweisen, schlau und verschlagen, wie er ist.

Rüdiger von Bechelaren

Rüdiger – ein stolzer Spanier?

Im Nibelungenlied wird er »der guote Rüedeger« und »Vater aller Tugenden« genannt. Er ist Markgraf in Bechelaren, König Etzels vornehmster Vasall und ein Verbannter unbekannter Herkunft.

Einer inzwischen überholten Theorie nach soll die Sagengestalt Rüdiger aus El Cid heraus entwickelt worden sein. El Cid ist der maurische Name des kastilischen Granden und spanischen Nationalhelden Rodrigo Díaz, 1043–1099, der auf Seite des Fürsten von Saragossa kämpfte und von König Alfons VI. verbannt wurde.

Auch Rüdiger, so argumentieren die Vertreter der El-Cid-Theorie, sei ein Verbannter gewesen, und zudem ließe sich die erste Silbe seines Namens auf die germanische Wurzel des Namens Rodrigo zurückführen: Hrodric (der Ruhmreiche).

Der romantische Vergleich mit El Cid indes scheint den Nibelungenforschern zu weit hergeholt, zumal sich eine weitaus näherliegende Erklärung anbietet: Rüdiger war tatsächlich ein Markgraf aus Bechelaren.

Rüdigers Ruhm besang schon der Dichter Spervogel im 12. Jahrhundert, also vor der Niederschrift des Nibelungenliedes. Er berichtet von der »vortrefflichen Gesinnung Rüdigers, der einst in Bechelaren residierte und die Mark verwaltet hat«. Spervogel kann sich nach Auffassung vieler Forscher nur auf einen Rüdiger bezogen haben, der in Chroniken als Zeitgenosse des Bayernherzogs Arnulf (907–937) und als Grenzgraf »unterhalb der Enns« erwähnt wird: in einem Gebiet also, das nach damaligem Sprachgebrauch östlich der Enns lag und seit 907 von den Ungarn besetzt war.

Daß ein Markgraf mit dem deutschen Namen Rüdiger im magyarischen Territorium residierte, wird glaubhaft, wenn man zwei historische Tatsachen bedenkt:

Zum einen waren die Bayern, sehr zum Ärger des Kaisers, den Ungarn zumindest zeitweilig durch einen Nichtangriffspakt verbunden; Herzog Arnulf ließ sie sogar ungehindert durch sein Territorium nach Westen vorstoßen und hielt sich auch wiederholt auf ungarischem Boden auf.

Und zweitens: »Um 920 setzten Magyaren einen deutschen Lehnsgrafen ein, Sitz im ... Burgort Bechelaren – wahrscheinlich der Rüdiger von Bechelaren des Nibelungenliedes.« (Kleindel, *Österreich. Daten zur Geschichte und Kultur*)

Markgraf Rüdiger starb am 4. Dezember

Diese kühn beschworene Identität von historischer Gestalt und Nibelungenhelden wird ernsthaft diskutabel dank einer Entdeckung aus den zwanziger Jahren unseres Jahrhunderts: Damals fand der Darmstädter Archivdirektor Dr. Julius Dietrich im Totenbuch des Klosters St. Andrae an der Traisen – also an der ehemaligen Ostgrenze der historischen Markgrafschaft – den Namen »Rudegerus marchio« eingetragen. Márchio bedeutete im mittelalterlichen Latein: Markgraf.

Das Todesdatum war mit 4. Dezember angegeben. Das Todesjahr fehlte.

Nähere Untersuchungen ergaben, daß der Nekrolog im Jahre 1260 angelegt worden war und auch Todesnachrichten aus den Zeiten vor der Klostergründung (1150) enthielt. Offensichtlich hatten Mönche in der Nachbarschaft des Klosters alle auffindbaren (und inzwischen verschollenen) Sterbemeldungen aus vergangenen Jahrhunderten gesammelt und ohne Rücksicht auf Vollständigkeit in die Totenbücher übertragen.

Das Sterbejahr des Markgrafen Rüdiger läßt sich mit Sicherheit vor 976 datieren. Denn seither gibt es ein chronologisches Verzeichnis der Markgrafen – und darin ist kein Rüdiger genannt.

Das aber bedeutet: Die Todesmeldung fügt sich wie ein fehlender Mosaikstein in die Nachrichten vom historischen Markgrafen Rüdiger aus der Zeit des Bayernherzogs Arnulf.

Dieser »Rudegerus marchio« starb aller Wahrscheinlichkeit nach an der Traisen, sonst hätten die Mönche von St. Andrae später nicht in der Nachbarschaft des Klosters seine Todesmeldung aufgestöbert. Als Begräbnisstätte kommt in erster Linie die bedeutendste Grenzfestung der Markgrafschaft Bechelaren in Betracht: Traismauer, nur acht Kilometer von St. Andrae entfernt, an Donau und Traisen gelegen, ehemaliges Römerkastell, mittelalterlicher Verkehrsknotenpunkt – und übrigens ein Ort, der im Nibelungenlied mehrmals erwähnt wird.

Und dort, in Traismauer, wurde in unserer Zeit – im Jahre 1975 – das Grab eines Markgrafen gefunden.

Das Prunkgrab in der Grenzburg

Die Entdeckung haben wir Johann Offenberger zu verdanken. Er ist Amtsrat im österreichischen Bundesdenkmalamt, Universitätslektor und ein für seinen Spürsinn international bekannter Archäologe.

Schon bei den Recherchen zu meinem Buch *Die Spur des Sängers* hatte ich ihn kennengelernt.

Ich suchte damals nach einer Burg, die es laut Nibelungenlied gegeben haben muß. Und da ich sie nicht fand – sie war wie vom Erdboden verschluckt –, wandte ich mich an Johann Offenberger, den man mir als archäologischen Experten für dieses Gebiet benannt hatte.

Er begann, angeregt von unserem Gespräch, an einer bestimmten Stelle in Traismauer zu graben und zauberte in der Tat ein Bühnenbild des Nibelungenliedes ans Tageslicht: das Gemäuer eines spätantiken Restkastells, in dem Kriemhild – laut Nibelungenlied – vier Tage lang gerastet hatte bei ihrer Reise zum ungeliebten König Etzel.

Und nun, anläßlich meiner Recherchen über die historischen Persönlichkeiten des Nibelungenliedes, stieß ich wieder auf Johann Offenberger. Wir trafen uns in einem angenehmen Weinlokal von Traismauer.

»Wie war das«, fragte ich, »damals mit dem Skelett?«

»Die Geschichte hat damit begonnen«, berichtete Offenberger, »daß die Stadtpfarrkirche St. Martin von Traismauer im Jahre 1975 renoviert werden sollte. Wir befürchteten durch die Grabung der geplanten Heizungsschächte unterhalb des Kirchenschiffes die Zerstörung historischen Materials, und deshalb schaute ich im Auftrag des Bundesdenkmalamtes vorher noch schnell nach, ob sich etwas finden ließ.«

Und ob sich was finden ließ! Offenberger war auf einem archäologischen Erfolgstrip. Erst grub er unter der heutigen Stadtpfarrkirche das Fundament einer römischen Kirche aus, darunter entdeckte er die principia (Kommandozentrale) des römischen Kastells Augustiana und ganz tief unten dann noch Reste eines Holzbaus aus dem 1. Jahrhundert nach Christi Geburt.

Alle Bauschichten waren genau abgegrenzt und entsprachen den Stilmerkmalen ihrer Epochen. Nur unterhalb des romanischen Kirchenfundaments und über der römischen Kommandozentrale – genau dazwischen – bot sich der Anblick eines rätselvollen, unregelmäßigen Mauerwerks mit Bruchgestein und hervorquellenden Mörtelwülsten.

Offenberger ließ das Gemäuer öffnen und drang in einen sechs mal sechs Meter großen, von Schutt und Erdreich bedeckten Raum vor.

»Hier lag was in der Luft«, erinnerte sich Offenberger. »Ich ahnte, daß eine ungewöhnliche Entdeckung bevorstand. Ganz langsam und vorsichtig ließ ich ›flächig abtragen‹, das heißt, den Schutt und das Erdreich in zentimeterdicken Schichten wegnehmen, mit Pinseln, Pinzetten und Spachteln. Eine mühselige Arbeit. Nach einiger Zeit stießen wir auf einen Schädel. Nun waren Geduld und Filigranarbeit geboten. Denn das dazugehörige Skelett mußte von Schutt und Erdreich so befreit werden, daß sich kein einziger Knochen aus seiner ursprünglichen Lage veränderte. Die Bestattungslage des Toten sollte genau erhalten bleiben.«

»Warum mag das Skelett mit Schutt und Erdreich zugedeckt gewesen sein?«

»Wir wissen es nicht. Möglicherweise wurde die Grabkammer zerstört, vielleicht von abziehenden oder flüchtenden Ungarn nach der Schlacht auf dem Lechfeld im Jahre 955.«

»Fanden Sie außer dem Skelett noch etwas?«

»Ja, auf dem Knochengerüst lagen goldfarbige Fäden, offensichtlich die Reste eines Prunkgewandes. Zwischen den Beckenknochen fanden wir eine dreiflügelige Pfeilspitze, die wohl im Körper des Toten gesteckt hatte und später bei der Skelettierung zu Boden gefallen war. Unter den Gebeinen waren Fragmente eines Ledergürtels und Reste eines sogenannten Totenbrettes festzustellen. Für mich gab es keinen Zweifel, daß es sich um das Grab einer hochgestellten

Persönlichkeit gehandelt haben muß. Alles sprach dafür: das Totenbrett, die Goldfäden des Prunkgewandes, die Größe der Grabkammer und die exponierte Lage über der römischen Kommandozentrale und unter der später darübergebauten Kirche.«

»Wann mag der Tote bestattet worden sein?«

»Die Mauertechnik und das Material sprechen für einen Zeitraum zwischen den Jahren 800 und 1000. Näher läßt sich die Zeitspanne vom Archäologischen her nicht einengen.«

Todesursache: Wundstarrkrampf nach einem Pfeilschuß

Der Skelettfund von Traismauer galt als wissenschaftliche Sensation und forderte detektivische Ermittlungstechniken heraus. Wie bei einem Mordfall wurden das Opfer, die Waffe und verschiedene andere Spuren – um beim kriminalistischen Sprachgebrauch zu bleiben – »erkennungsdienstlich behandelt«.

Eine anthropologische Untersuchung des Skeletts ergab: Es handelt sich um einen Mann, etwa dreißig Jahre alt, 1,69 Meter groß, Rechtshänder. Seine ungewöhnliche Schädellänge und die auffallende Grazilität der Knochen bieten deutliche Hinweise auf adlige Herkunft und somit auf hohen sozialen Status. (Bei ande-

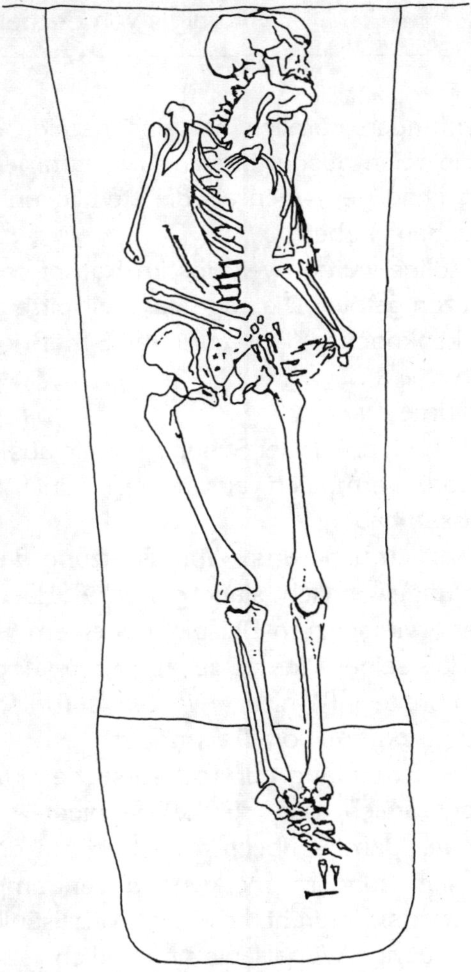

Das Skelett des Markgrafen in Traismauer

ren Totenfunden nämlich hat sich gezeigt, daß alle Skelette in reich ausgestatteten Grabkammern zarter und langschädliger waren als die sterblichen Reste in den einfachen Gräbern.)

Der Adlige wurde zweifellos im Kampf von einem Pfeilschützen getötet. Die Lage der Pfeilspitze zwischen den Beckenknochen läßt auf drei Schußrichtungen schließen:

- Von vorne.
- Von seitlich oben. Der Schütze könnte aus erhöhter Position, vermutlich aus einem Hinterhalt, geschossen haben.
- Von seitlich rückwärts. »Voraussetzung dafür wäre eine ungewöhnlich stark gebückte Haltung des Opfers, wie sie zum Beispiel bei einem weit über den Hals seines Pferdes gebeugten Reiter gegeben sein könnte.« (Winkler, *Die Skelettfunde in der Stadtpfarrkirche von Traismauer*)

Für die Ermittlung der Todesursache erwies sich als aufschlußreich, daß die Leiche nicht – wie bei Bestattungen damals üblich – gestreckt in der Grabkammer lag, sondern merkwürdig verkrampft, den Kopf seitwärts verdreht, die Halswirbelsäule überstreckt, die übrige Wirbelsäule unnatürlich verkrümmt, die Arme mit »Volarflexion der Hände« (sogenannte Pfötchenstellung) an den Körper gepreßt, die Fußsohlen verkrampft. Jeder Arzt, der solche Beschreibung

Aventeur wie gunthor ze Islande nach praunhilde

In newen mere chamen uber Rein
man saget daz da were manig schones megetein
der gedacht im aine erwerben gunthor der kunig güt
da von begund dem recken vil sere hohen der müt
Es waz ain kunigine gesessen vert uber se
ir geleich dehaine west man indert me
sie waz unmassen schon vil michel waz ir kraft
sy schozz mit schnellen degen umb minne den schaft
Den Stain den warff sy verre darnach sy weit sprang
wer ir minne gerte der müst ane zwang
Drew spil angewinnen der frawen wolgeporn
geprast im an dem ainen er het daz haubt verlorn
Des het die junckfrawe an massen vil getan
daz hort bey dem Reine ain ritter wolgetan
der wante sein sinne an daz schöne weip

Reise nach Island
Kriemhild und Ute blicken auf Siegfried, Gunther,
Hagen und Dankwart, die zu Brünhild fahren

Rückkehr nach Worms
Gunther und Brünhild werden von Kriemhild
und den Burgunden begrüßt

Abreise nach Xanten
Brünhild und Gunther verabschieden
Kriemhild und Siegfried

Si chamen in die mere die frawen vnder dan
den edlen kunigynne volget manger chuner man
Sy stunden vor dem munster nider auf daz gras
prunnhilt wen gesten dannoch vil were was
Sy giengen nider der chrone in daz munster weit
Dew lieb muos seit geschaiden daz frewnte grosser neit
So sy gehorten messe sy fürten wider dan
mit vil mangen eren man sach sy seider gan
Ze dische frolaiche frewde nie gelag
Da ze der hochzeite untz an den aylften tag

Streit der Königinnen
Kriemhild und Brünhild im Wortwechsel.
Vorne Siegfried?

[H]ubschen mit den frawen das sey in lieb getan
¶ So sprach der starck Seifrid mit herlichem sit
wann ir Jagen reittent da wil gerne mit
So sült ir mir leihen ainen schutz man
Und ettlichen pracken so wil ich reiten in den tan
¶ Welt ir nicht nemen einen sprach der küng ze hant
Ich leihe ew welt ir viere den vil wol ist bechant
Der walt und auch die stane wa die diere hine gaund
Die euch nicht verwerse ze den herbergen reiten laund
¶ Do rait zu seinem weibe der reck vil gemait
Schier het hagen dem künig gesait
wie er gewinnen wolte den trewlichen degen
Auff grosser untrewen solte nimm man gephlegen

Der Mord
Siegfried und Hagen. Die Darstellung
entspricht nicht dem Text des Nibelungenliedes.
Siegfried wurde durch einen Speerstoß getötet

Aventeur wie etzl nach kriemhilden sante

Das waz in ainen zeiten daz fraw helche starb
und daz der kunig etzel umb ain and(er) frawen warb
Do rieten sein freunde in der burgonde lant
Zu ainer stoltzen witiben die waz fraw kriemhilt genant
Seit daz erstorben were der schonen helchen leip
Sy sprachen welt ir ymm(er) gewinnen ain edel weip
Die hochsten und die pesten die kunig ye gewan
So nempt die edlen frawen der starcke s. waz ir man
Do sprach der kunig reiche wie mocht das ergan
Seit ich pin haiden und des dauffes nicht enhan
So ist die frawe kristen da von so lopt sy nit
Es muss sein ain wunder ob es also geschicht
Do sprachen aber die schnellen waz ob sis leichte tut

Die Brautwerbung
Kriemhild empfängt Markgraf Rüdiger

Ankunft in Passau
Bischof Pilgrim begrüßt Kriemhild und ihr Gefolge

Begegnung auf dem Tullner Feld
Kriemhild und Etzel sehen einander zum erstenmal

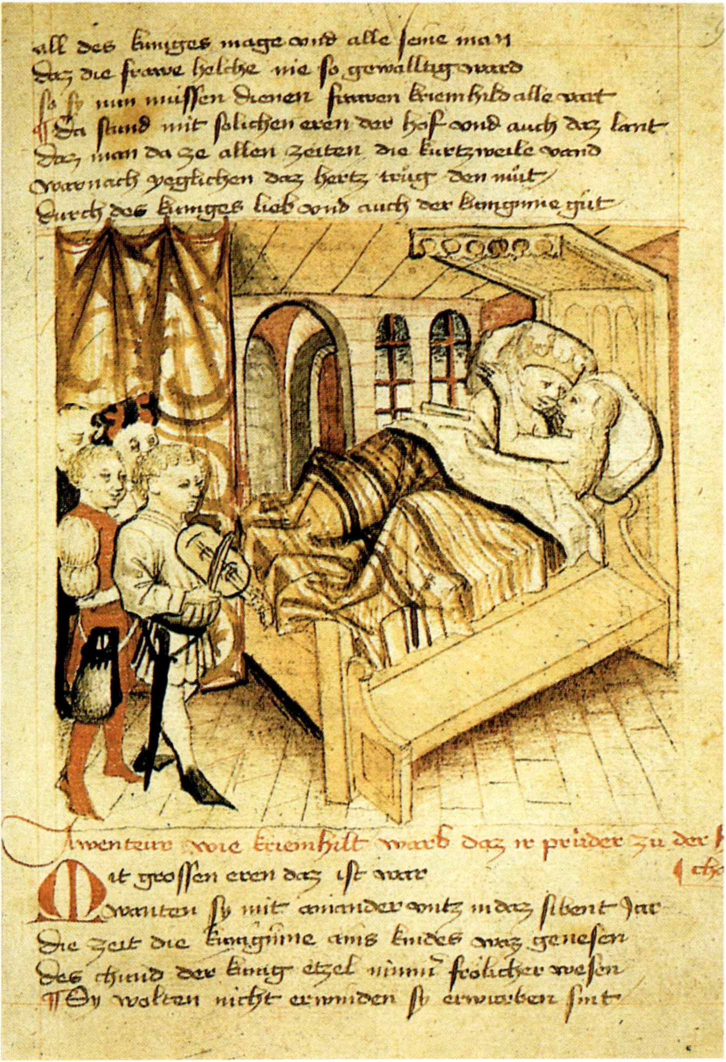
all des kunges mage vnnd alle seine man
Daz die frawe helche nie so gewalltig ward
So sy nun muessen dienen frawen kriemhild alle zeit
Da stund mit solichen eren der hof vnnd auch daz lant
Daz man da ze allen zeiten die kurtzweile vand
Wornach yeglichen daz hertz trug den mut
Durch des kunges lieb vnnd auch der kunginne gut
Awenteur wie kriemhilt warb daz ir prüder zu der h
Mit grossen eren daz ist war
Wonten sy mit ainander vntz in daz sibent jar
Die zeit die kunginne ains kindes waz genesen
Des chund der kunig etzel nimmer frölicher wesen
Sy wolten nicht erwinden sy erwurben sint

Die Einladung
Kriemhild veranlaßt Etzel, die Burgunden an seinen Hof zu bitten

Abreise von Worms
Brünhild verabschiedet Gunther, der mit
den Burgunden – ab jetzt Nibelungen genannt –
zur Etzelburg reitet

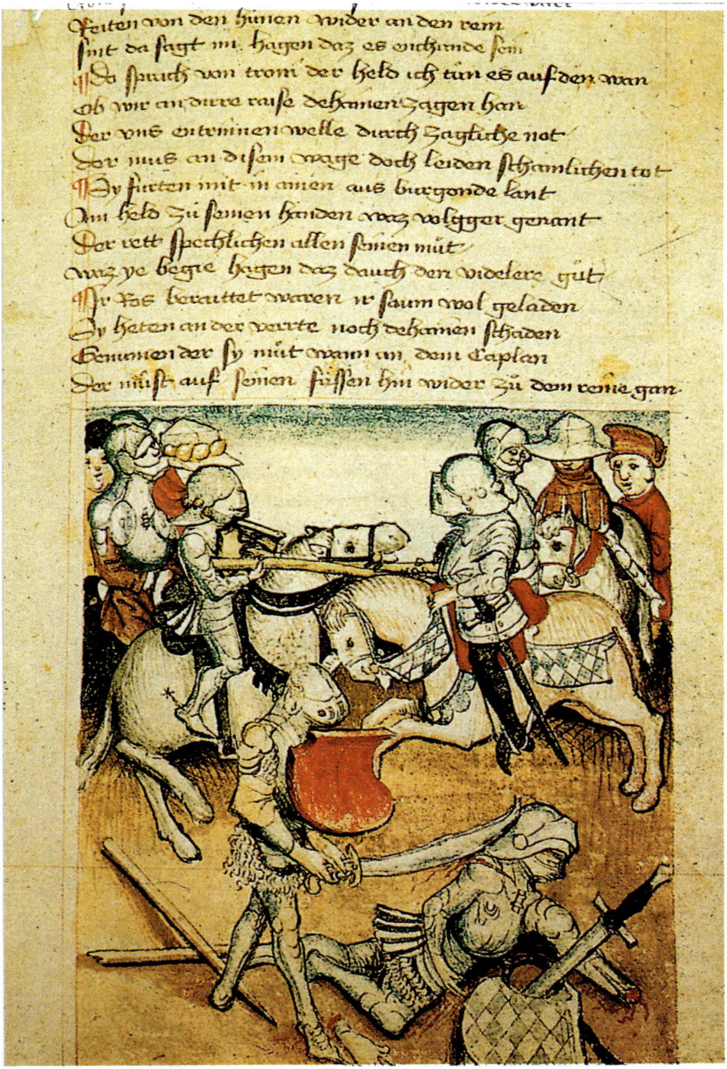
seiten von den hunen wider an den rein
Sint da sagt im hagen daz es enchunde sein
Do sprach von tronj der held ich tun es auf den wan
ob wir an dirre raise dehainen zagen han
Der vns entrinnen welle durch zagliche not
Der mus an disem wage doch leiden schamlichen tot
Sy furten mit in einen aus burgonde lant
Ain held zu seinen handen was volgker genant
Der rett spechlichen allen seinen mut
was ye begie hagen daz dauch den videlere gut
Ir ros beraittet waren ir saum wol geladen
Sy heten an der verte noch dehainen schaden
Benumen der sy mut wann an dem Caplan
Der must auf seinen fussen hin wider zu dem reine gan

Der nächtliche Kampf
Hagen und Markgraf Else kämpfen zu Pferd.
Dankwart erschlägt Markgraf Gelfrat

Das Geständnis
Hagen gesteht Kriemhild den Mord an Siegfried.
Neben ihm Volker (vorne)

132

Aventeur wie sy des morgens ze dem munst(er) giengen

Mir kulent die ringe so sprach volker
Ich wen uns nicht welle die nacht weren m(er)
Ich keus es an dem lufte es ist schier tag
Da wackten sy vil mangen der noch schlaffende lag
Do erschain der liechte morgen den gesten in den sal
hagen begunde wecken die ritter uberal
ob sy zu dem munster ze messe wollten gan
nach siten kristenleichen man lewten began
Sy sungen ungeleiche daz da vil wol schain
kristen unde haiden die waren nit enain
Da wollten zu den kirchen die gunthores man
Sy waren von dem pete all geleich gestan
Sy näten sich die recken in also gut gewant

Das Turnier
Volker ersticht einen Hunnen

Aventeur wie der sal ob in pran

Nu pindent ab die helme sprach hagen der degen
Ich vnd mein geselle wir sullen ewr pflegen
vnd wellent es noch versuchen die etzeln man
So warn ich mein herren so ich schierste chan
Do entwappnot daz haubt manig ritter gut
Sy sassen auf die wunden die vor in in dem plut
waren ze dem tode von iren handen chomen
Des wart der edlen geste vil ubel war genomen
Auch hub an kun herte zu den gesten san
Danckwart hagens pruder der vil schnelle man
Sprang von seinen herren zu den veinten fur die tur
man wait er wer erstorben er chom gesunder dar fur
Der hart streit werte bis in die nacht benam

Der Saalbrand
Die Nibelungen im Saal, der auf Befehl
Kriemhilds angezündet wurde

Der Schildtausch
Markgraf Rüdiger übergibt Hagen seinen Schild

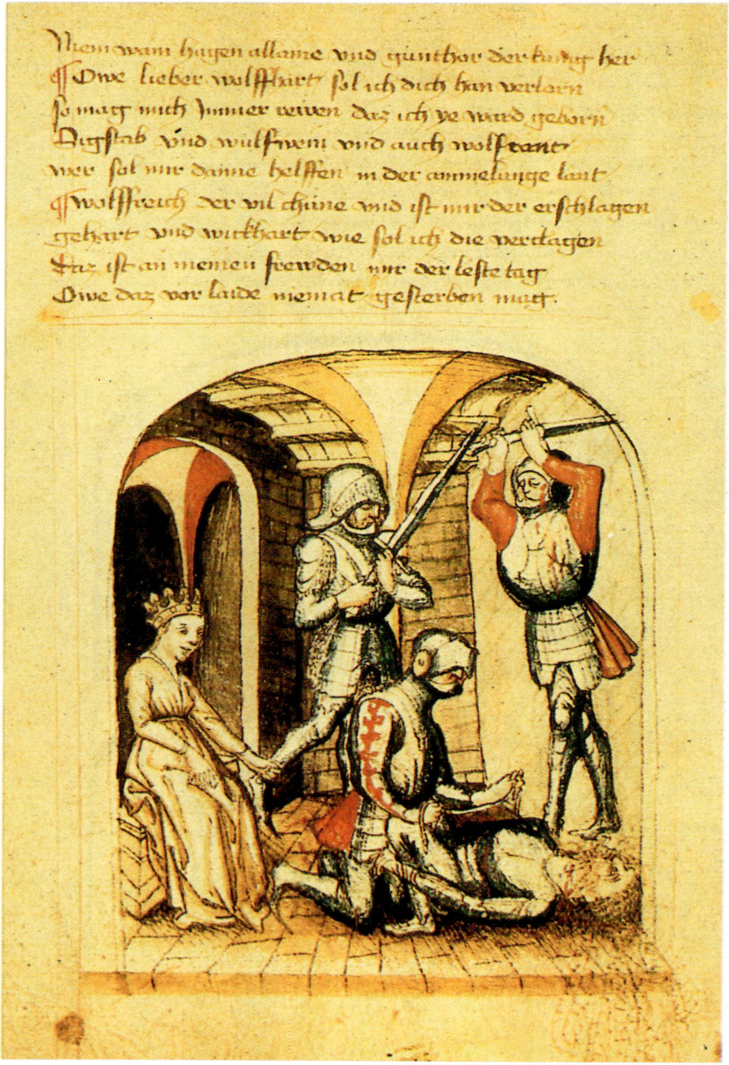

Die Gefangennahme
Dietrich von Bern überwältigt Hagen.
Im Hintergrund Gunther und Hildebrand,
links Kriemhild

liest, kann die Todesursache diagnostizieren: Tetanus – Wundstarrkrampf als Folge der Pfeilschußverletzung.

Der Unbekannte aus Traismauer muß vor seinem Tod große Qualen erlitten haben.

Die Gelehrten sind sich einig, daß er aller Wahrscheinlichkeit nach ein Markgraf war.

Dafür spricht, daß er nahe seiner Todesstelle in einer Grenzfeste wie ein Fürst begraben wurde – ohne Fürst zu sein. Dazu einige Erklärungen: Markgrafen waren keine Fürsten, genossen aber in ihren exponierten Stellungen an vorderster Front fürstliche Privilegien und wurden in den Festen ihrer Markgrafschaften wie Fürsten bestattet. Ein Fürst indes wäre mit Sicherheit nicht in einer Grenzburg nahe seiner zufälligen Todesstelle bestattet worden; ihn hätten seine Gefolgsleute nach damaligem Brauch »entfleischen« lassen und als Skelett heimgebracht zur prunkvollen Bestattung auf dem Fürstenhof im Landesinneren. Der Tote aus Traismauer aber war nicht »entfleischt« worden, das läßt sich mit Sicherheit sagen, denn sonst hätte Amtsrat Offenberger schwerlich die Pfeilspitze zwischen den Knochen des Skeletts gefunden.

Er muß also in der Nähe seiner Todesstelle bestattet worden sein. Und da er in Traismauer – wie ein Fürst – bestattet wurde, da Traismauer zudem die bedeutendste Grenzfeste östlich der Enns war, muß er mit an Sicherheit grenzender Wahrscheinlichkeit ein Markgraf gewesen sein. Und zwar der Markgraf des Grenzgebietes, das zeitweilig nach Bechelaren benannt worden war.

Wie aber hat der Markgraf geheißen? Wann hat er gelebt? Das Todesgeschoß gibt keine Auskunft über das Todesdatum. Mit einem Pfeil dieser Art konnte er im Jahre 800 oder im Jahre 1000 erschossen worden sein, also innerhalb der Zeitspanne, die Amtsrat Offenberger als denkbare Bauzeit der Grabkammer schon ermittelt hatte.

Auch mit den Resten des zwei Zentimeter breiten Ledergürtels ließ sich die Zeit nicht einengen. Seit der Mitte des 8. Jahrhunderts waren einteilige Ledergürtel dieser Art üblich.

Goldfarbige Fäden aus dem Orient

Alle Hoffnung der Gelehrten, die Lebenszeit des Unbekannten genauer einzugrenzen, hing nun an den goldfarbigen Fäden des Prunkgewandes. Eine chemische Untersuchung ergab, daß es sich um vergoldete Silberfäden (sogenannte Lahn) orientalischen Ursprungs handelt, die im Abendland für Prunkgewänder üblich waren. »... ihre Herstellung und Verwendung glaubte man bisher nicht vor dem 10. Jahrhundert ansetzen zu dürfen. Entgegen dieser Annahme machte I. Petrascheck-Heim wahrscheinlich, daß die zur Erzeugung von vergoldetem Silberlahn notwendige feine Technik in der Metallbearbeitung bereits früher bekannt gewesen sein dürfte.« (Mosser, *Traismauer. Zentrum der karolingischen Grafschaft zwischen Enns und Wiener Wald*)

Die hier erwähnte Ingeborg Petrascheck-Heim ist Expertin für mittelalterliche Textilien. Wenn ihre Ansicht stimmt, daß in den Jahrhunderten ab 800 solche Fäden üblich waren, dann könnte der Tote aus Traismauer – was Alois Mosser für »sehr wahrscheinlich« hält – identisch sein mit dem um 802 verstorbenen Grafen Cadaloc aus der Zeit Karls des Großen. »Die Annahme ... ist allerdings durch kein unumstößliches Indiz abgesichert. Es fehlt nicht nur die direkte Ereignisnotiz in der Überlieferung, sondern auch jede Nachricht, die Herkunft und Schicksal ... aufhellen würde.« (Mosser, *Traismauer. Zentrum der karolingischen Grafschaft zwischen Enns und Wiener Wald*) Weder ist Cadalocs Todesort bekannt, noch weiß man genau, ob er tatsächlich Markgraf in dem karolingischen Grenzgebiet östlich der Enns war. Deshalb ist die Cadaloc-Theorie sehr unsicher.

Nimmt man aber an, daß – wie es laut Lehrmeinung heißt – die vergoldeten Silberfäden erst ab 900 verwendet wurden, nimmt man weiter an, daß die

Kirche über der Grabstelle wahrscheinlich bald nach der Schlacht auf dem Lechfeld (955) in dem von heidnischen Ungarn befreiten Grenzgebiet errichtet wurde, dann kommt man verblüffend genau auf die Lebenszeit des Markgrafen Rüdiger, der während Herzog Arnulfs Regierungsjahren (907–937) östlich der Enns amtiert hat. Zu dieser Feststellung paßt wie ein weiterer Mosaikstein die Meldung vom Tode eines Markgrafen Rüdiger im Nekrolog des von Traismauer nur acht Kilometer entfernten Klosters St. Andrae.

Freilich: Bewiesen ist nichts. Aber bei aller Vorsicht läßt sich die Möglichkeit nicht völlig ausschließen, daß der von einem Pfeilschuß getötete Adlige aus dem Grab in Traismauer der historische »Rudegerus marchio« ist – und vielleicht sogar das literarische Vorbild für den Rüdiger von Bechelaren des Nibelungenliedes. Als Dreißigjähriger wäre er für diese Rolle nicht zu jung gewesen. »Zwischen dem 10. und dem 13. Jahrhundert betrug die durchschnittliche Lebenserwartung für reich und arm, für den Grafen und den hörigen Bauer, nicht mehr als fünfunddreißig Jahre.« (Vajda, *Felix Austria*) Auch eine heiratsfähige Tochter konnte er – wie Rüdiger im Nibelungenlied – gehabt haben, denn damals wurden Mädchen schon im Kindesalter vermählt.

Einer kleinen Korrektur allerdings bedurfte es, falls der Rüdiger aus der ungarischen Heidenzeit das Vorbild für den Rüdiger des Nibelungenliedes abgegeben hat.

Zur Zeit des Nibelungendichters nämlich waren die Ungarn längst christianisiert und ihre Fürsten dem deutschen Kaiserhaus freundschaftlich verbunden. Also mußte der Dichter die christlichen Ungarn gewissermaßen heidnisch verfremden. Das war kein Problem. Er brauchte nur mit dem Recht der dichterischen Freiheit das Rad der Geschichte um ein paar Jahrhunderte zurückzudrehen und aus den Ungarn heidnische Hunnen machen. Dementsprechend wurde Markgraf Rüdiger ein Lehnsmann des Hunnenkönigs Etzel. Und nun paßt alles zusammen: König Etzel nämlich spielt eine wichtige Rolle im zweiten Teil des Nibelungenliedes.

König Etzel

Das Schwert des Kriegsgottes

Etzel, König der Hunnen, ist der mächtigste, der reichste, »der gewaltigste Herrscher von der Rhône bis zum Rhein, von der Elbe bis zum Meer«, wie es im Nibelungenlied heißt. Als seine Gemahlin Helche verstorben war, rieten ihm seine Freunde »zu einer stolzen witewen, diu was froh Kriemhilt benannt«. Sein vornehmster Vasall, Markgraf Rüdiger, reiste als Brautwerber nach Worms ins Burgundenland. Er bat für König Etzel um Kriemhilds Hand.

Kriemhild sieht Etzels Macht, sieht seinen Reichtum – und sieht ihre Chance. Sie vergißt die einst geschworene Witwentreue und zieht als Gemahlin zum ungeliebten Hunnenkönig auf die Etzelburg in Esztergom. Doch ihre Liebe zu Siegfried, die Trauer um den

Toten vergißt sie nicht. Die Rache nimmt ihren Lauf. Eigenhändig erschlägt sie Hagen von Tronje, den Mörder. Und mit Hagen sterben die Könige Gunther, Gernot und Giselher, sterben Gefolgsleute, Ritter und Knappen des Burgundenheeres, insgesamt über 10000 Recken.

Auf die Frage nach dem literarischen Vorbild für König Etzel bietet sich eine einleuchtende Erklärung: »Etzel« ist die mittelhochdeutsche, zur Zeit des Nibelungendichters übliche Schreibweise für Attila. Und Attila war König der Hunnen, »Geißel Gottes« und »Schrecken der Völker«, wie er genannt wurde. Seine Hunnenhorden vernichteten, wie schon erwähnt, das Heer der Burgunden unter König Gundahar im Jahre 437.

Die Parallelen springen ins Auge. Kein Zweifel, daß der historische König Attila als König Etzel eine Rolle spielt in der Stoffgeschichte des Nibelungenliedes.

Attila wurde etwa um 395 geboren. »Er war« – wie der Geschichtsschreiber Jordanes berichtet – »der Sohn Mundzuks, dessen Brüder Oktar und Roas über die Hunnen herrschten. Nach deren Tode im Jahre 434 folgte Attila mit seinem Bruder Bleda als König nach. Später [im Jahre 445] ließ er seinen Bruder ermorden, um die Alleinherrschaft zu gewinnen. Nachdem er zahlreiche Völker und Fürsten mit ihren Heeren unterworfen und seinem Zepter untergeordnet hatte, wurde der

Brudermörder zum Schrecken aller Länder, der alles in Furcht versetzte durch den grauenhaften Ruf, den er verbreitete.

Sein Selbstvertrauen ward bestärkt durch den Besitz des als heilig verehrten und einstmals verlorengegangenen Schwertes des Kriegsgottes Mars. Es war Attila bei folgender Gelegenheit zugefallen: Als ein Hirte ein Kalb seiner Herde mit blutigem Hufe hinken sah, folgte er der Blutspur und stieß auf ein im Gras verstecktes Schwert, das jenes Kalb ungeschickt betreten hatte. Er hob die Waffe auf und brachte sie zu König Attila, der sogleich erkannte, daß es das verlorengegangene Schwert des Kriegsgottes Mars war. Nun vermeinte er, ihm sei alle Übermacht im Kriege verliehen und er werde zum Herren der Welt emporsteigen.«

Attila muß furchterregend gewirkt haben, denn er glich – so heißt es in den Chroniken – mit allen körperlichen Eigenheiten den anderen Männern seines Hunnenvolkes. Und die Hunnen sahen – laut Jordanes – so aus: »Unansehnlich, häßlich, kaum menschenähnlich, dürr, untersetzt, von grauschwarzer Hautfarbe und so abstoßend, daß manche Gegner allein bei ihrem Anblicke die Flucht ergriffen. Ihre Gesichter sind abscheuerregende Klumpen ohne menschliche Züge, ihre Augen sind schwarze Punkte in Knochenhöhlen, ihre Nasen sind plattgedrückt wie nach einem schweren Schlage. Der grimmige Anblick ihrer Gesichter wird dadurch gefördert, daß allen männlichen Kindern der Hunnen gleich nach ihrer Geburt, noch ehe sie die erste Muttermilch genossen, die Wangen mit Schwertern durchstoßen werden. So bleiben ihnen zernarbte und zerfurchte, später von Bärten nur unregelmäßig bewachsene Antlitze.«

»Sie sind abstoßend, häßlich, ekelerregend, sie gleichen eher zweibeinigen wilden Tieren als Menschen«, so entsetzte sich Ammianus Marcellinus, ein Geschichtsschreiber griechischer Abstammung in römischen Diensten.

Die Dämonen aus den mäotischen Sümpfen

Einer alten Sage nach sollen die Hunnen gar keine Menschen gewesen sein, sondern dämonische Bastarde. »Als Filino, König der Goten«, – so wird in dieser Sage erzählt – »einst von Skandinavien zu den Skythen reiste, da entdeckte er Hexen und Zauberweiber in seinem Heer, sogenannte Haljaruna, die Bosheit und Unfrieden säten unter seinen Kriegern. Er aber jagte die Zauberweiber hinweg von den Seinen in die Einöden der mäotischen Sümpfe, wo sie sich mit umherschweifenden Geistern paarten und das schauerliche Geschlecht der Hunnen zeugten.

Die Nachkommen hausten als Jäger im mäotischen Sumpfmeer und glaubten in ihrer Einfalt, es gäbe ansonsten kein Land außerhalb ihrer Heimat.

Eines Tages verfolgten hunnische Jäger eine Hirschkuh, die – bald weiterschreitend, bald stehenbleibend – sich als zauberkundiger Wegweiser zu erkennen gab und aus den Sümpfen zum Sonnenuntergang [nach Westen] hinausschritt. Dort sahen die Jäger fremdes Land und Menschen. Sie eilten zu den Ihrigen zurück, berichteten, was sie gesehen hatten – und sodann fielen sie aus den mäotischen Sümpfen wie Wirbelstürme über die Völker her.«

Soweit die Sage aus uralter Zeit. Historiker haben inzwischen ermittelt, daß die Hunnen – Krieger eines ausgestorbenen Reitervolkes ostasiatischer Herkunft – in der Mitte des 4. Jahrhunderts durch die mäotischen Sümpfe beim Asowschen Meer »wie Wirbelstürme« nach Westen vordrangen und die zweite Völkerwanderungszeit auslösten. »Vor den mordenden und plündernden Horden gab es nur eines: Flucht... Das erste Auftauchen der Hunnen [löste] bei allen, die es miterlebten, lähmendes Entsetzen aus. Niemand hatte vorher Angehörige dieses östlichen, wilden Stammes gesehen oder von ihnen gehört.« (Homeyer, *Attila*)

Schneller, geschickter, listiger und gerissener im Kampf als alle anderen Krieger waren die Teufelsreiter mit den verstümmelten Gesichtern, die in nie versiegender Zahl, in unabsehbaren Menschenmassen aus dem Gebiet der mäotischen Sümpfe hervorquollen und sich wie Ströme einer Sintflut weiter nach Westen, nach Norden und Süden ergossen. Auf katzenartig flinken, unerhört ausdauernden Pferden fegten sie übers Land hinweg, getrieben von sprichwörtlicher Blutrunst und Goldgier, unabhängig von Quartier und Nachschub. Sie schliefen selbst bei Schneefall im Freien, meist in den Sätteln ihrer Pferde, aßen rohes Fleisch, Wurzeln oder ungekochte Feldfrüchte und hungerten, wenn es nichts zu essen gab, mitunter tage- oder wochenlang, ohne an Kampfkraft einzubüßen.

Überall brach der Widerstand zusammen. Die Hunnen besiegten um 360 die Alanen, um 375 die Ostgoten und Heruler, später die Quaden und Rugier. Unter Attila gewann das Hunnenreich die gewaltigste Ausdehnung: Es erstreckte sich nach Italien, Gallien – und bis nach Worms am Rhein ins Land der Burgunden. Der römische Feldherr Aëtius – schlau, wie er war – verbündete sich mit der Satansbrut, schloß einen Pakt mit Attila, der »Geißel Gottes«, und hetzte ein Hunnenheer zum vernichtenden Angriff gegen die Burgunden unter König Gundahar. Ob Attila damals, wie es in alten Chroniken heißt, Anführer des Heeres war, muß nach heutigem Erkenntnisstand als ungewiß, eher sogar als unwahrscheinlich eingeschätzt werden.

Für unser Thema ist allein interessant, daß Attila zur Zeit des Nibelungendichters als jener Feldherr galt, der das Kommando hatte beim Kampf um Worms, als die Burgunden untergingen.

Pfeilschützen und Lassowerfer

Über die Kampfmethoden und Waffen der Hunnen zur Zeit Attilas können wir uns dank reichlicher Dokumente und archäologischer Funde sehr genaue Vorstellungen machen.

Die Hunnen vermieden die offenen Aufmärsche riesiger Heere nach Art der germanischen Strategie; sie griffen in keilförmigen Formationen aus dem Hinterhalt an, mit berittenen Stoßtrupps, überfallartig und »unter durchdringendem Geschrei« (Ammianus). Den Nahkampf vermieden sie, solange es ging. Ihre Pfeilschüsse hielten die Gegner auf Distanz. »Die gefährlichste Waffe in den Händen der hunnischen Reiterkrieger war der Bogen, den sie vom Pferd aus virtuos zu handhaben wußten und dessen Wirksamkeit sie ihre großen militärischen Erfolge verdanken.« (Werner, *Beiträge zur Archäologie des Attila-Reiches*) Der Bogen war aus verschiedenen Holzarten zusammengeleimt, mit Hornplatten verstärkt, etwa eineinhalb Meter lang und von äußerster Reflexkraft. Die Pfeile trugen metallene Spitzen oder Knochensplitter. Aus größerer Entfernung vermochten die Hunnen ihre Gegner mit ledernen Schleuderschlingen nach Art von Lassos aus den Sätteln zu reißen und gleichzeitig zu fesseln. Nach solchen Stürzen hatten germanische Krieger, schwerfällig wie Schildkröten in ihrem Panzerzeug, keine Chance gegen hunnische Reiter, die aus den Sätteln ihrer vorbeiflitzenden Pferde zuschlugen.

Die Hunnen besaßen keine Rüstungen und keine Schilde. Statt Helmen trugen sie runde Wollmützen, statt Kettenhemden graue Leinenmäntel, statt Bein- und Armschienen zottige Ziegenfelle. Dieser völlige Verzicht auf Verteidigungswaffen war das Geheimnis ihres Erfolges. Denn ohne das Handicap der schweren Rüstungen bewegten sie sich leichter, flinker und wendiger als die gepanzerten Gegner. Und ihre Pferde, auf Leichtfüßigkeit gezüchtet, vergleichbar etwa unseren Polo- oder Militarypferden, waren behender im Kampf und ausdauernder bei Distanzritten als Streitrösser germanischer Zucht, die eher Ackergäulen glichen.

Ihre Reiterausrüstung war luxuriös. Selbst der einfache Soldat besaß einen Holzsattel mit Goldplatten, Goldbeschlägen und goldenen Ornamenten, kunstvoll geschmiedete Kandaren oder Trensen und Zaumzeug mit eingearbeiteten Edelsteinen. Sporen hatten die Hunnen nicht, aber Reitpeitschen, sogenannte Nagaikas, deren Holzgriffe ebenfalls mit Gold verziert waren.

Als Steigbügel dienten lederne Schlingen, die es dem Reiter möglich machten, bei vollem Galopp seitwärts aus dem Sattel zu gleiten und, vom Pferdekörper vor gegnerischen Geschossen geschützt, kopfüber zwischen den Pferdebeinen hindurch seine Pfeile abzuschießen.

Beim Nahkampf, den sie, wie gesagt, gerne vermieden, kämpften die Hunnen mit einschneidigen Säbeln von etwa fünfundvierzig Zentimeter Länge und doppelschneidigen, etwa 1,20 Meter langen Schwertern, die mit beiden Händen gehalten werden mußten. Jeder Schwertgriff war mit Goldbeschlägen oder Edelsteinen verziert. Häufig hingen Bernsteinkugeln, mit Lederriemchen befestigt, an den Schwertgriffen. Die Wissenschaft ist sich über den Sinn dieser Kugeln nicht im klaren, vermutet aber eine unbekannte Form von Fetischismus oder Kriegsaberglauben.

Gern prügelte der König sich im Handgemenge

Attila liebte den Kampf. Er galt als Draufgänger, als exzellenter Reiter und Bogenschütze. Bei Attacken war er an der Spitze seiner Reiter zu finden, und gerne prügelte er sich, wie überliefert wurde, im Handgemenge.

Von seiner Kriegermentalität kündet eine Rede, die er im Jahre 451 bei der Schlacht auf den Katalaunischen Feldern hielt. Die Hunnen waren damals in

Bedrängnis geraten: »Ein Bächlein« – so schreibt Jordanes – »schwoll durch das reichliche Blut der Getöteten und nicht durch Regengüsse, sondern infolge der ungewöhnlichen Flüssigkeit zur reißenden Sturzflut an.« Zu dieser Stunde rief Attila seinen Feldherren zu:

»Wenn ihr nach unseren Siegen über die Völker der Erde, nach der Unterwerfung des Erdballes durch die Hunnen nun auf diesem Schlachtfeld steht, so wißt ihr, um was es geht... Was ist süßer als die Rache und der Krieg? Eine natürliche Begabung ist es, seinen Rachedurst zu stillen. Drum laßt uns frisch die Feinde vernichten. Mutig ist immer, wer den Krieg und den Kampf eröffnet. Verächtlich und ein Zeichen von Furcht ist die Friedensverhandlung. Eure Wut soll sich hervortun, Hunnen, eure gewohnte Wut soll ausbrechen und den Feind vernichten. Bietet eure Wut auf, euren Verstand und eure Waffen. Wer verwundet wird, töte den Feind. Wer unverwundet ist, der sättige sich an ihrem Blut! Wer zum Tod bestimmt ist, stirbt auch in Friedenszeit. Warum soll das Glück den Hunnen Sieg über Sieg über alle Völker erwiesen haben, wenn wir jetzt den Gegnern erliegen sollen? Unsere Vorfahren haben den Weg von den mäotischen Sümpfen erkämpft, sie haben die Völker bezwungen – und nun wird Attila hier an dieser Stelle kämpfen. Wer nicht mit Attila kämpft, der stirbt!«

Attila verlangte bedingungslosen Gehorsam. Wer

widersprach oder seinen Befehl nicht stracks befolgte, wurde vom König meist eigenhändig erschlagen, an Ort und Stelle noch, oder an den Scharfrichter weitergereicht, der ihn henken oder mitunter auch ans Kreuz nageln mußte.

»Die engsten Vertrauten und Feldherren von Attila, aber auch unterworfene Könige oder Vasallen harrten, wenn sie in seiner Gegenwart waren, wie Leibwächter auf den geringsten Wink des Hunnenfürsten, und wenn er nur mit den Augen ein Zeichen gab, so trat jeder voll Furcht und Zittern zu ihm und besorgte ohne Verzug und mit Gewißheit alles, was ihm befohlen ward.« (Jordanes)

Gastmahl bei Attila

Über Attilas historische Bedeutung sind sich die Gelehrten uneinig. Die einen halten ihn für einen im Umgang mit (zeitweiligen) römischen Bundesgenossen hochgebildeten Staatsmann, der als politisches Idealziel das für alle Zeiten bestehende Hunnenreich anstrebte; die anderen glauben, daß nur zwei Motive ihn getrieben haben: die Gier nach Gold und die Lust, den Erdball zu zerstören.

Goldgier war zwar eine von allen Chronisten immer wieder beschriebene Eigenart der Hunnen, aber merkwürdigerweise scheint Attila diese Neigung nicht geteilt zu haben: Jeder einfache Reiter besaß, wie erwähnt, einen goldbeschlagenen Sattel, Zaumzeug mit Edelsteinbesatz und Schwerter mit reich verzierten Griffen – Attilas Sattel, Zaumzeug und Schwerter aber waren ohne jeden Schmuck.

Bei einem Empfang – so berichtet der Geschichtsschreiber Priscus von Panion – »wurden den Gästen in silbernen und goldenen Speiseschüsseln erlesene Speisen aufgetragen, Attila aber ließ sich nur einen Holzteller mit rohem Fleisch reichen. Die Gäste tranken Wein aus goldenen und silbernen Bechern, Attila aber trank Wasser aus einem Holzbecher. Sein Gewand, sein Gürtel und die Bänder seiner Sandalen waren nicht mit Gold, Edelstein und ähnlichem Schmuck verziert, wie es üblich war selbst bei Fürsten weitaus geringeren Ranges.«

Diesen Empfang gab Attila etwa im Jahre 448 anläßlich des Besuches einiger römischer Gesandter, zu denen auch der Geschichtsschreiber Priscus gehörte. Sein Bericht gibt einen interessanten Einblick in Attilas Ambiente:

»In unseren Zelten wurden wir benachrichtigt, daß der Hunnenkönig zur frühen Abendstunde zum Gastmahl bitte. Zur angegebenen Zeit standen wir Attila auf der Schwelle seines Saales gegenüber. Nach Landessitte ward uns von Weinschenken ein Kelch gereicht, den wir austranken, bevor wir zu den uns zugewiesenen Sitzen an den Seitenwänden des Saales schritten.

Attila saß in der Saalmitte auf einem Speisesofa, dahinter führten einige Treppen zu seinem mit Leinentüchern und bunten Decken geschmückten Ruhelager empor.

Attila gegenüber kauerten zwei seiner Söhne, die er keines Blickes würdigte und die aus Ehrfurcht vor ihrem Vater die Augen gesenkt hielten. Alle Gäste saßen seitwärts an den Saalwänden.

Ein Gast nach dem anderen wurde nun nach folgendem Zeremoniell begrüßt: Attila erhob seinen Kelch, trank einen Schluck und reichte ihn einem Gast entgegen, der sich erhob, zu Attila schritt, den Kelch leerte und an einen Weinschenk gab. Danach setzte sich der Gast wieder. Auf diese Weise wurde jeder begrüßt. Nun wurden Tische hereingetragen und vor Attila und den Gästen aufgestellt.«

Priscus schildert nun, wie oben schon erwähnt, daß Attila aus einem Holzbecher trank und von einem Holzbrett aß, während die Gäste silberne oder goldene Schüsseln und Kelche vorgesetzt bekamen.

»Sodann« – fährt Priscus fort – »wurden bei Einbruch der Dunkelheit die Fackeln angezündet. Zwei Sänger traten vor und sangen Lieder, die Attila, seine Siege, seinen Wagemut und sein Heldentum lobpriesen. Viele Gäste zeigten tiefe Bewegung, und einige

Greise vergossen sogar Tränen im Gedanken an ihre eigene Heldenzeit. Mit diesen Liedern strich der Abend dahin.

Später wurde ein gewisser Zerkon hereingeführt, der durch besonders häßlichen Körperbau auffiel, durch einen Buckel und Nasenlöcher von äußerster Größe. Bei seinem Anblick erscholl lautes Gelächter.

Wie mir ein Hunne erzählte, hatte dieser Zerkon ein seltsames Schicksal erfahren. Da er nämlich durch seine unerhörte Häßlichkeit sehr possierlich wirkte und als Gesellschafter sehr beliebt war, mit der Zeit aber überall Abscheu erweckte, ward er in seiner Vergangenheit mehrmals von einem Fürsten dem anderen als Geschenk weitergereicht worden, bis er vor einigen Jahren zu Attila kam. Dort aber riß Zerkon aus. Doch da er einen beträchtlichen Wert darstellte und als Geschenk gut zu verwenden war, wurde er von einer Hunnenmeute im Auftrag von Attilas Bruder – Bleda – verfolgt und eingefangen. Er ward nun nach den Gründen seiner Flucht befragt, da es ihm doch an nichts fehlen könne am Hofe Attilas. Darauf antwortete Zerkon, es fehle ihm an einem schönen Weibe. Bleda brach darauf in großes Gelächter aus und schenkte ihm eine in Ungnade gefallene Frau aus Attilas Gefolge.

Nach einiger Zeit aber schenkte Attila jenen seltsamen Zerkon an den römischen Feldherrn Aëtius, der sogleich große Freude mit dem lächerlichen Manne hatte. Da aber Zerkon das von Attila geschenkte Weib nicht hatte mitnehmen dürfen zu Aëtius, so erbat er dort Urlaub, um an Attilas Hof zu reisen und die Überlassung seines Weibes zu erbitten. Und an jenem Gastmahle nun sollte Zerkon zur Belustigung der Festgäste seine Bitte an Attila vorbringen.

So geschah es auch, und alle Gäste gerieten bei der von Zerkon gestammelten Bitte in großes Gelächter, nur Attila, dem jener Zerkon offensichtlich widerwärtig war, lachte nicht und entsprach auch nicht dem Wunsche. Zerkon ward deshalb unter großer Heiterkeit der Gäste aus dem Saal hinausgejagt.

Nach einiger Zeit befahl Attila, daß man ihm seinen jüngsten Sohn bringen sollte, und sogleich wurde jener auch hereingeführt. Attila – der seine anderen Söhne kein einziges Mal anblickte – streichelte dem Jüngsten die Wangen und sprach freundliche Worte zu ihm. Ein neben mir sitzender Hunne erzählte leise, daß Attila diesem jüngsten Sohn besonders zugetan sei, da ein Seher ihm vorhergesagt habe, daß nur dieser eine Sohn das Geschlecht weitervererben werde.

Das Gastmahl zog sich unter anmutigen Gesprächen, Belustigungen und Darbietungen von Sängern bis spät in die Nacht hinein.«

Frauen: versklavt, verschenkt, verschachert

»Am nächsten Tag« – so berichtet Priscus weiter – »wurden wir von Rekam eingeladen, einer der Frauen Attilas. Sie stand gegenwärtig beim Hunnenfürsten gerade in großer Gunst. Wir wurden mit gefüllten Kelchen erwartet, von Rekam und ihrem Gefolge umarmt und geküßt. Nach dem Essen kehrten wir in unsere Zelte zurück.«

Mehr berichtet Priscus nicht von der Begegnung mit Attilas langjähriger Favoritin. Er beschreibt sie auch nicht näher. Wir können aber annehmen, daß sie ein Diadem mit Brillanten getragen hat, Schläfengehänge und Ohrringe aus Gold mit eingearbeiteten Edelsteinen, Schuhe mit Goldbeschlägen und einen breiten, mit Edelsteinen gespickten Ledergürtel. Solcher Schmuck war, wie wir dank archäologischer Funde von Grabbeigaben wissen, typisch für die Frauen höhergestellter Hunnen. Aus der speziellen Formung des aufgefundenen Stirnreifes läßt sich schließen, daß Fürstenfrauen üblicherweise Schleier nach orientalischer Art trugen. Der Gürtel könnte ein tunikaartiges Kleid in der Taille gerafft haben.

Attila hatte mehrere Frauen, Konkubinen und vorübergehende Gespielinnen, mit denen er Söhne und Töchter von nicht abschätzbarer Zahl zeugte. »Wegen Attilas grenzenloser Wollust bildeten allein seine Söhne schon ein ganzes Heer«, berichtet der Geschichtsschreiber Jordanes charmant. Gelegentlich bekam Attila auch eine Frau geschenkt, und wenn er einer überdrüssig wurde, verschenkte er sie mitunter wieder weiter.

Ähnlich ging es auch an den anderen Höfen höhergestellter Hunnen zu. Die Fürstenfrau war Inventar der Burg, Beutestück und Haremssklavin, mal geliebt und mal geduldet, mal geschwängert, mal verstoßen. Sie gehörte ihrem Mann, der sie verschenken oder verschachern konnte wie ein Stück Vieh. Mitunter wurden Frauen bei politischen Verhandlungen als Dreingabe angeboten, als Zuwaage gewissermaßen, um den Ausschlag für günstige Vertragsabschlüsse zu geben. Erwies sich eine als widersetzlich oder als treulos, so wurden ihr üblicherweise die Nase und die Ohren abgeschnitten.

Die Frau aus dem einfachen Volk hatte es nicht besser. Sie gehörte allen und niemandem. Familien oder auch nur familiäre Verhältnisse konnten kaum gedeihen. Die hunnischen Reiter nämlich legten bei ihren Kriegs- und Beutezügen meist große Strecken in kurzer Zeit zurück und gingen unterwegs nur flüchtige Verbindungen mit Frauen ein, die ihrerseits nomadisierend herumwanderten, vom Zufall geführt, ohne Ziel, so daß Vater und Mutter eines Kindes nach dem beiläufigen Zeugungsakt einander aus den Augen verloren und nimmer wiedersahen. »Kein Hunne vermag zu sagen, wo er gezeugt wurde und wo er das Licht der Welt erblickt hat, denn die Mütter haben keine feste Wohnung, sondern wechseln die Orte, ohne Herdfeuer, ohne Gesetz und geregelte Lebensweise, als seien sie immer auf der Flucht.« (Ammianus)

Gelegentlich wurden auch germanische Frauen erbeutet, verkauft, versklavt, geschändet, verschenkt oder von einem Hunnenfürsten zur Gemahlin genommen.

Eine dieser Germaninnen hieß Hildico: Hildchen.

Attilas Tod: Blut statt Tränen

»Hildico war so jung und so schön« – berichtet Jordanes –, »daß Attila sie im Jahre 453 neben seinen zahllosen Frauen als weitere Gemahlin an seinen Hof nahm.

Als er sich bei der Hochzeit allzugroßer Lust hingegeben hatte und schwer von Wein und Ermüdung auf seinem Rücken hingestreckt lag, da erlitt er einen Blutsturz, wie er ihm schon öfter durch die Nase entströmt war. Die Nase aber war ihm in diesem Augenblick verstopft, und so entrann der Blutsturz in seinen Schlund und benahm ihm den Atem, so daß er erstickte. Die Trunkenheit brachte dem kriegsberühmten König ein schmähliches Ende.

Als am nächsten Morgen die Stunden verstrichen, ohne daß Attila sich erhob, wähnten die Leibwächter ein Mißgeschick und erbrachen unter lautem Geschrei die Tür zu seinem Saale. Sie fanden Attila tot im Blut, aber ohne Wunde.

Das Mädchen saß neben dem Leichnam, weinend und mit verhülltem Haupte.

Da schnitten sich die Leibwächter geschwind mit Schwertern in ihre ohnehin schon von Geburt aus entstellten Gesichter und fügten sich klaffende Wunden bei, damit der König nicht mit Weibertränen, sondern mit Männerblut betrauert werde.

Das Volk betrauerte dann das Hinscheiden des Königs auf besondere Weise: In der Mitte eines großen Feldes wurde in einem Zelt der Tote aufgebahrt und allen zum Anblicke geboten. Dann ritten die besten Reiter der Hunnen im Kreis um den Platz herum, wie bei Zirkusspielen, und boten so ein wunderbares, feierliches Schauspiel.

Sänger verherrlichten sodann den König und seine Taten in Liedern, von denen ich eines wiedergeben will:

›Attila – der Hehre, König der Hunnen, Sohn Mundzuks, Herrscher kampfmutiger Völker, Bezwinger der Skythen und Germanen, Schrecken beider Römerreiche, Eroberer aller Städte. Nun, da er alles dieses Glück vollbracht hat, fand er den Tod – nicht im Kampf mit seinen Feinden, nicht durch Hinterlist seiner Vertrauten, sondern mitten im freudigsten Glück, im Glanz seines Volkes, ohne Schmerz. Niemand ist berufen, Rache zu üben für Attilas Tod.‹

Nachdem ihn die Sänger mit vielen Liedern dieser Art betrauert hatten, feierte das Volk ein Totenfest, eine strava, wie man bei den Hunnen sagt, mit unermeßlichem Trinkgelage, mit Weinen und mit Lachen.

In der Stille der Nacht wurde Attilas Leichnam sodann der Erde übergeben.

Er ruht nun in drei Särgen: Der eine ist aus Gold, der zweite aus Silber, der dritte aus Eisen.

Damit zeigten sie, was ihm, dem mächtigen und reichen Könige, an Nachruhm zukommt. Das Eisen bedeutet, daß er alle Völker bezwang. Gold und Silber zeigen, daß er von Ostrom und Westrom in Ehren gehalten wurde.

Dazu legten sie Waffen in sein Grab, die er von Fürsten erbeutet hatte, kostbaren Schmuck, Gold und Edelstein in unermeßlicher Menge und Ehrenzeichen.

Die Versenkung der Reichtümer in Attilas Grab geschah heimlich. Nur die Großen der Hunnen und die Totengräber wußten davon. Damit das Geheimnis wohl bewahrt werde und nicht Grabschänder von diesen Reichtümern erfahren, wurden die Totengräber sogleich erschlagen.«

Etzel: ehrerbietig, höflich und zurückhaltend

Wenn man die Lebensgeschichte des Hunnenkönigs Attila kennt, wenn man sein riesiges Reich auf der Landkarte betrachtet, wenn man in Chroniken von seiner Macht und seinem Reichtum liest, kann es dann noch Zweifel geben, daß er das literarische Vorbild war für den Hunnenkönig Etzel aus dem Nibelungenlied? Für den »gewaltigsten Herrscher von der Rhône bis zum Rhein, von der Elbe bis zum Meer«? Für den einzigen König, der Macht und Reichtum zur Genüge besaß, um die Burgunden zu vernichten?

Und ob es Zweifel gibt!

Es läßt sich nämlich mühelos auch das Gegenteil behaupten und begründen: Daß König Etzel aus dem Nibelungenlied niemals identisch sein kann mit dem historischen Rabauken Attila, zumindest nicht, was die menschlichen Züge anlangt.

König Etzel ist, laut Nibelungenlied, Frauen gegenüber ehrerbietig, höflich und zurückhaltend. Er beweint den Tod seiner Gemahlin Helche und erwägt erst nach angemessener Trauerzeit eine neue Ehe mit Kriemhild, und dann auch noch sehr zögernd und zaghaft: »Ich bin ein Heide – sie jedoch ist Christin. Sie tut es nimmermehr, ein Wunder müßt' es heißen, käme sie jemals hierher.« Als sie dann doch kommt, um Macht und seinen Reichtum zu mißbrauchen, erweist er sich als gutmütig, arglos, immer auf Versöhnung bedacht, als schwacher König, der ein willenloses Werkzeug in den Händen seiner rachelüsternen Gemahlin ist.

Er verzichtet sogar auf Rache, als Volker beim Turnier mit offensichtlicher Absicht einen seiner Hunnen ersticht. Beim Ausbruch der Saalschlacht – nach der Ermordung seines Söhnchens – zieht Etzel sich kampflos und jammernd zurück: »Ach weh des Hofgelages!« Er greift auch später niemals in die Kämpfe ein und läßt sich von Hagen dafür sogar schmähen: »Es stünde einem Schutzherrn recht gut an, wenn er wohl fechten würde..., feiger König Etzel!«

Als Markgraf Rüdiger den Angriffsbefehl zu verweigern versucht, wirft Etzel sich ihm, dem Gefolgsmann, flehend zu Füßen.

An Etzels Hof leben »Christen und Heiden«. Es gab dort sogar eine Kirche, die Etzel betrat, um der heiligen Messe beizuwohnen.

So besehen ist im Wesen des Königs Etzel nun wahrlich nichts zu spüren vom Naturell des historischen Hunnenkönigs Attila, den man »Geißel Gottes« und »Schrecken der Völker« nannte; der von »grenzenloser Wollust« war und Frauen wie Herden in seinem Harem hielt; der seine Gefolgsleute beim geringsten Widerspruch eigenhändig erschlug oder kreuzigen ließ; der Christen versklavte und Kirchen allenfalls mit der Brandfackel betrat, um sie anzuzünden.

Zweifel sind angebracht. Und die Frage drängt sich auf: Wurden die geschichtlichen Überlieferungen über Attila durch die Sagenbildung »bis zur Unkenntlichkeit entstellt« (Homeyer, *Attila*) – oder ist der historische Hunnenfürst Attila gar nicht das literarische Vorbild für König Etzel im Nibelungenlied?

Eine fast ketzerische Frage, denn es hieße, eine heilige Kuh schlachten, wollte man die schier unumstößliche und allgemein anerkannte Theorie bezweifeln, wonach Attila selbstverständlich das literarische Vorbild für Etzel ist.

Der Apostel aus Esztergom

Nicht Attila, die Geißel Gottes, sondern Stephan I., der Heilige, ist das literarische Vorbild für König Etzel.

Das sagt Bálint Hóman, ein ungarischer Historiker und Universitätsprofessor von Rang. Seine kühne Theorie ist weniger bekannt, hat aber eine ganze Menge für sich:

Stephan, um 969 auf dem Schloßberg von Esztergom geboren, war Sohn des Arpadenfürsten Géza und Thronfolger im Lande der Magyaren, eines kriegerischen, zu Stämmen zersplitterten Volkes, das sich der Christianisierung bisher widersetzt hatte.

Der alte Géza befürchtete eine völlige Isolierung

seines Fürstentums in der christlichen Völkergemeinschaft. Er ließ deshalb – wenngleich er selbst heidnischen Glaubens noch war – seinen Sohn Stephan durch Bischof Adalbert von Prag christlich erziehen und suchte für ihn eine Gemahlin von fürstlichem Geblüt und christlichem Glauben aus: Gisela, die Tochter des Bayernherzogs Heinrich des Zänkers, Enkelin König Konrads von Burgund, Urenkelin des deutschen Königs Heinrich I. und zudem Cousine des regierenden Kaisers Otto III. Mit derart angenehmer Verwandtschaft, so überlegte wohl der alte Fuchs aus Esztergom, würde Gisela, wäre sie erst einmal seine Schwiegertochter, päpstliche und kaiserliche Protektion als Mitgift einbringen und möglicherweise die Anerkennung Ungarns als Königtum erreichen.

Ohne seinen Sohn lange zu fragen, entsandte Géza einige Brautwerber nach Regensburg an die Residenz des Bayernherzogs.

Gisela, zu diesem Zeitpunkt elf Jahre alt, fürs klösterliche Leben bestimmt und wohlberaten von Bischof Wolfgang (dem heiligen Wolfgang, wie er später heißt), sagte den Brautwerbern zu, allerdings nur unter einer Bedingung: daß Stephan sich taufen lasse und die christliche Lehre unverzüglich als Staatsreligion einführe in Ungarn.

Solche Bedingung war ganz im Sinne des alten Arpadenfürsten. Er handelte mit Heinrich dem Zänker die Vermählung aus, und bald reiste Gisela in Begleitung von dreihundert bayerischen Rittern nach Esztergom.

Dort, in der Arpadenresidenz, lebte ein Völkergemisch fürstlicher Gefolgsleute, bunt zusammengewürfelt aus Einheimischen, Polen, Griechen, Petschenegen, Russen, Walachen, Thüringern und – seit Giselas Ankunft – auch Bayern. In ungarischen Chroniken aus dieser Zeit werden mehrmals »hospites teutonici« erwähnt: deutsche Gäste.

Stephan und Gisela heirateten im Jahre 999 oder 1000. Das genaue Datum ist unbekannt.

Nach der Hochzeit verliehen Papst Silvester II. und Kaiser Otto III. dem Arpadensproß Stephan die Königswürde und damit Ungarn die Anerkennung als Königtum.

Am Weihnachtstag des Jahres 1001 wurde Stephan I. auf der Arpadenburg in Esztergom zum ersten ungarischen König gesalbt und mit der vom Papst geweihten (heute noch erhaltenen) Stephanskrone gekrönt.

Er betrieb, unterstützt von seiner Gemahlin, die Missionierung der Magyaren, gründete zehn Bistümer und erhob Esztergom zum Metropolitansitz. Auf dem Schloßberg ließ er im Jahre 1010 eine Holzkirche erbauen: die St.-Adalberts-Kathedrale.

Ein ernster Mann war Stephan, willensstark, streng

und unbeugsam bei der Durchsetzung seiner Missionierungsaufgabe. Selten sah man ihn lachen, da er darunter litt, daß die Christianisierung sich nicht ohne Gewalt durchsetzen ließ. Häufig mußte er mit Heer und Waffen den Geistlichen zu ihren Rechten verhelfen. Denn es gab auch Geheimbündler im Volk und in der fürstlichen Verwandtschaft, die sich den alten Göttern verpflichtet fühlten und auf Rebellion sannen.

Trotz aller Widerstände, dank Stephans Energie und Giselas Unterstützung, verlief die Christianisierung planmäßig und glückbringend für Ungarn. Handel und Wirtschaft begannen zu blühen, die Verbindung zum Westen förderte politische, kulturelle und gesellschaftliche Beziehungen.

Privat hatte das Königpaar wenig Glück. Vier Kinder starben gleich nach der Geburt, und der drittgeborene Sohn, auf den Gisela und Stephan alle Hoffnungen gesetzt hatten, verblutete als Vierundzwanzigjähriger – im Jahre 1031 – gelegentlich der königlichen Sauhatz nach dem Angriff eines verletzten Keilers.

Der Tod des Thronfolgers entzündete die schon lange schwelende Rebellion. Stephans Vetter Wazul beschloß, von Freunden und Verwandten ermuntert, den König zu ermorden, den Thron zu besteigen, die Missionare an den Galgen zu bringen und den alten Göttern wieder in Tempeln zu huldigen.

Doch sein Attentat scheiterte. Stephan ließ den

12 Oben: Ehebündnis eines Königspaares zur Zeit Stephans und Giselas. Miniatur aus der Handschrift des Hrabanus Maurus, 1023
13 Unten: Königin Gisela, das Vorbild für Kriemhild. Barockes Ölgemälde in Kloster Niedernburg, Passau

14 Oben: Heinrich I., Urgroßvater Giselas. Gewandspange, wahrscheinlich 10. Jahrhundert 15 Unten: Giselas Grab in der Klosterkirche Niedernburg, Passau

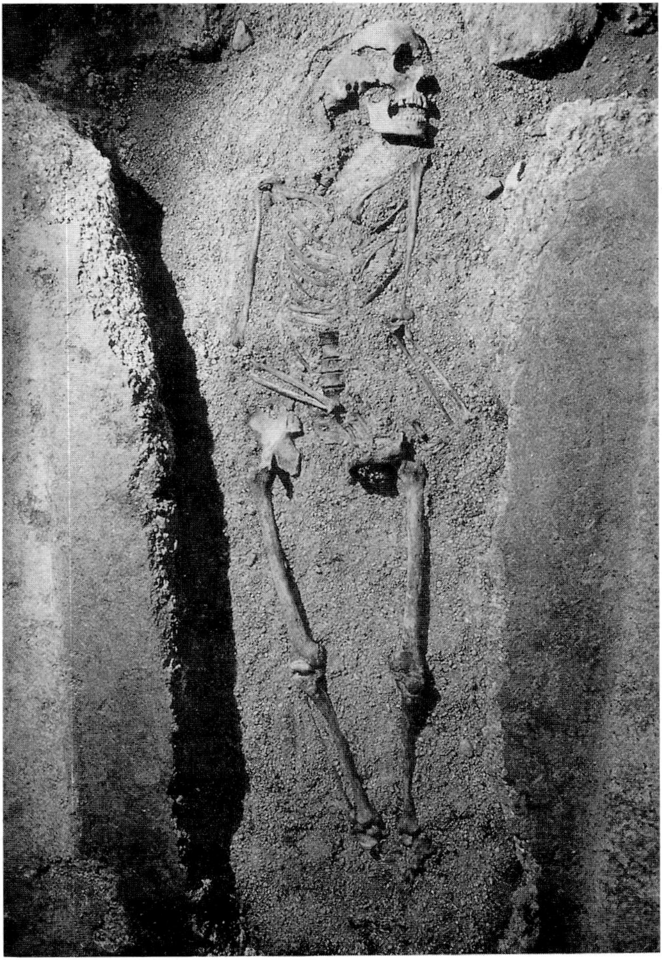

16 Das Skelett des Markgrafen: Rüdiger von Bechelaren?
Prunkgrab in Traismauer

17 Reichskrone. Auftragsarbeit Konrads II., um 1025

18 Kaiser Friedrich I. Barbarossa als Kreuzfahrer. An dem von ihm angeführten Kreuzzug nahm der Nibelungendichter teil. Miniatur, um 1188

19 Oben: Ritterkampf. Buchmalerei, Anfang bis Mitte des 13. Jahrhunderts 20 Unten: Kaiser Friedrich I. Barbarossa ertrinkt im Fluß Saleph, Kleinasien. Buchmalerei, 14. Jahrhundert

21–24 Zeitgenossen und möglicherweise auch Freunde des Nibelungendichters: Bligger von Steinach (o. l.), Albrecht von Johannsdorf (o. r.), Reinmar der Alte (u. l.), Hartmann von Aue (u. r.). Aus der *Manessischen Liederhandschrift*

25 Friedrich von Hausen starb beim Barbarossa-Kreuzzug, an dem auch der Nibelungendichter teilnahm. Aus der *Manessischen Liederhandschrift*

verräterischen Vetter blenden, des Gehörs berauben und einkerkern. Einige andere Teilnehmer der Rebellion wurden auf seinen Befehl hin verstümmelt oder hingerichtet. »Diese für uns heute grausam dünkende Tat stellte im Mittelalter, das äußerst drastische Strafen kannte, keine Seltenheit dar.« (Hielscher, *Gisela, Königin von Ungarn*)

Den ungarischen Geschichtsschreibern schien es indes nicht angemessen, ihrem königlichen Landsmann solche Blutrunst zu unterstellen – und deshalb fälschten sie die Chroniken. Sie schrieben, daß Gisela die grausame Strafe habe vollstrecken lassen und daß Stephan ein gutmütiger und argloser König sei, immer auf Versöhnung bedacht, zögernd und zaghaft gar, wenn es um Gewalt gehe, ein willenloses Werkzeug seiner rachelüsternen Gemahlin.

Erst viel später kam die historische Wahrheit ans Tageslicht. Gisela wurde rehabilitiert und zu unbekanntem Zeitpunkt seliggesprochen.

Stephan – im Jahre 1083 heiliggesprochen – wird auch »Apostel Ungarns« genannt, da er das Christentum eingeführt hat bei den Magyaren.

Die Geißel Gottes und der Heilige

Zweihundert Jahre etwa nach der Krönung des ersten ungarischen Königs schrieb am Passauer Bischofssitz der Nibelungendichter sein Lied.

Zu dieser Zeit waren im Westen – wie der Historiker Bálint Hóman überzeugend nachweist – nur die heute teils verschollenen Chroniken mit den gefälschten Texten über Stephan und Gisela bekannt. Abschriften davon fanden sich in der berühmten Bibliothek des Passauer Bischofssitzes.

Bálint Hóman argumentiert nun so: Der Nibelungendichter – stets auf der Suche nach »alten Mären«, die er in seinem Lied verarbeiten wollte – entdeckte die gefälschten Chroniken in der Passauer Bibliothek und gewann ein falsches Bild von König Stephan – das Bild vom gutmütigen, arglosen König, der Gewalt vermied, immer zur Versöhnung neigte und Wachs in den Händen seines rachelüsternen Teufelsweibes war. Diese Wesenszüge übertrug der Dichter auf König Etzel, der – so besehen – in der Tat frappierende Ähnlichkeit mit König Stephan hat.

Frappierend sind auch weitere Gemeinsamkeiten zwischen Nibelungenlied und historischer Überlieferung:

– Stephan residierte auf dem Schloßberg von Esztergom in den heute nicht mehr erhaltenen Gemäuern der ersten Arpadenburg – und dort, auf dem Schloßberg von Esztergom, erhebt sich denn auch die Etzelburg des Nibelungenliedes. Sie ist identisch mit der heute noch erhaltenen Arpadenburg, die ein Nachfahre Stephans – der ungarische König Béla III. – im Jahre 1173 zu bauen begonnen hatte.

Attilas Residenz indessen ist bis heute noch nicht entdeckt. Sie stand nach Auffassung von Gelehrten irgendwo am ungarischen Donaulauf, keinesfalls aber – und das ist erwiesen – in Esztergom.

– In Esztergom, an König Etzels Hof, leben laut Nibelungenlied die kühnsten Recken, von denen je vernommen ward, »únder krísten und únder heiden« (Strophe 1334). – Von »Christen und Heiden«, die in Esztergom an Stephans Hof lebten, ist aber auch wörtlich in den ungarischen Chroniken die Rede.
– Bei der Schilderung des Vielvölkertreffens auf dem Tullner Feld nennt der Nibelungendichter unter anderem Polen, Griechen, Petschenegen, Russen, Walachen und Thüringer im Gefolge König Etzels – und diese Völker werden auch in ungarischen Chroniken als Mitglieder von Stephans Gefolge aufgezählt.
– Im Nibelungenlied ist die Rede von »tiuschen gesten« (Strophe 1354), die in Kriemhilds Gefolge zur Etzelburg in Esztergom reisen – und mit Gisela

kamen, laut ungarischer Chronik, »hospites teutonici« – deutsche Gäste – auf Stephans Burg in Esztergom.

– Weitere Trumpfkarten in Bálint Hómans Indizienspiel sind zwei Strophen, die verräterisch beweisen, daß der Nibelungendichter in Wirklichkeit den Ungarnkönig meinte, wenn er vom Hunnenkönig Etzel schrieb: In den Strophen 1162 und 1373 sind ihm nämlich – offensichtlich aus Versehen – die Wörter »Ungarn« und »Ungarland« in die Feder gerutscht, obwohl er zweifellos von Hunnen und Hunnenland hätte schreiben müssen. In Strophe 1162 heißt es über Rüdigers Reise von der Etzelburg nach Worms: »Rüdiger ritt nach sieben Tagen von Ungarn fort...« Und in Strophe 1373 wird Etzels Bruder so genannt: »Fürst Blödel aus dem Ungarland...«

Je mehr Indizien für die Identität von Ungarns König Stephan und Etzel sprechen, desto verwirrender scheint das Suchspiel nach dem literarischen Vorbild zu werden. Denn die Attila-Theorie ist nicht vom Tisch zu fegen.

Beurteilt man den König Etzel des Nibelungenliedes von seiner staatspolitischen Bedeutung her, von seiner Macht, seinem Reichtum und der territorialen Ausdehnung seines Herrschaftsgebietes, bedenkt man weiter, daß Etzel die mittelhochdeutsche Schreibweise für Attila ist und daß er als Hunnenkönig bezeichnet wird, dann gibt es nichts zu rütteln an der Auffassung: Etzel ist Attila.

Betrachtet man aber die menschlichen Züge Etzels, seine Zurückhaltung, seine Neigung zur Versöhnung und seine Nachgiebigkeit gegenüber Kriemhild, denkt man an die »Christen und Heiden«, an die »deutschen Gäste« und an die Vielvölkerschar an seinem Hof, wägt man weiter, daß die Etzelburg identisch ist mit der Arpadenburg in Esztergom, dann kann es keinen Zweifel geben: Etzel ist Stephan.

Ein Widerspruch?

Absolut nicht. Die Erklärung ist ganz einfach. Der Nibelungendichter hat zwei historische Gestalten zusammengemixt: Attila und Stephan. Hunnenkönig und Ungarnkönig. Die »Geißel Gottes« und den Heiligen. Den »Schrecken der Völker« und den »Apostel Ungarns«. – Und in der Alchimistenküche seiner Phantasie entstand als Synthese die Sagengestalt des Königs Etzel.

Kriemhild

Mägdelein und Teufelsweib

Kriemhild ist im ersten Teil des Nibelungenliedes das »viel edel Mägdelein«. »Wie der lichte Vollmond vor den Sternen«, so glänzt sie tugendsam vor allen anderen Frauen. Siegfrieds treue Gemahlin ist sie und trauernde Heldenwitwe – das Ideal einer hohen Dame der höfischen Zeit.

Im zweiten Teil aber wird Kriemhild zur »valandinne«, zum Teufelsweib mit »valschem muote«, das die Burgunden auf König Etzels Hof in eine tödliche Falle lockt, um Rache zu üben für den Mord an Siegfried und den Raub des Hortes.

Die Entwicklung Kriemhilds vom Mägdelein zum Teufelsweib, die Wandlung ihres Wesens, die Veränderung ihrer Persönlichkeit vollzieht sich im Nibelungenlied ohne Bruch und ohne Nahtstelle. – Und doch waren es zwei verschiedene Frauen, die dem Dichter als Vorbild dienten für die Kriemhild des ersten und zweiten Teils. Zwei Frauen, die er zu einer Gestalt formen mußte.

Einfach ist es, die Kriemhild des ersten Teils zu ergründen. Sie ist identisch mit Gudrun, die, wie schon erwähnt, in den isländischen Brünhild-Liedern als Schwester des Niflungenkönigs Gunnar und als Gemahlin Sigurds auftritt. Gudrun und Kriemhild spielen fast die gleichen Rollen. Nur: Gudrun ergreift keine Initiative, sie rächt den Mord an Sigurd nicht.

Sagenforscher sind nach umfangreichen Studien zu der Überzeugung gekommen, daß Gudrun eine archetypische Gestalt ohne historisches Vorbild ist: die Frau an der Seite des archetypischen Helden, ein Stück von ihm, ohne eigenen Antrieb – und somit vergleichbar dem edlen Mägdelein, das Kriemhild im ersten Teil des Nibelungenliedes spielt.

Die Kriemhild des zweiten Teils stoffgeschichtlich zu erforschen, scheint auf den ersten Blick ebenfalls einfach zu sein. Denn die Überlieferungen um Attila verführen zu einer scheinbar naheliegenden Theorie: daß Kriemhild identisch ist mit Hildico.

Wie erinnerlich, war Hildico – Hildchen – Attilas germanische Gemahlin und die Gefährtin seiner Todesnacht. Alle Chronisten berichten übereinstimmend, daß der Hunnenfürst in ihren Armen an einem Blutsturz verschied, friedlich, ohne Schmerz und ohne Gewalt.

Doch ein Gerücht tauchte auf nach Attilas Tod: Mord.

Hildico, die Germanin, hätte ihn erstochen, hieß es. Um ein Motiv waren die Gerüchteschmiede nicht verlegen. Sie erinnerten sich, daß Attilas Hunnenhorden im Jahre 437 die Burgunden vernichtet hatten. Und nun erzählen sie, Hildico sei eine Burgundentochter gewesen, die Attila erstochen hätte aus Rache für den Burgunden-Untergang.

Sagendichter und Sänger griffen das Thema dankbar auf. Aus Wahrheit und Fama mixten sie die Sage von Hildicos Rache und Attilas Ermordung.

Der Trick mit dem Alias-Namen

Der Nibelungendichter hat diese Sage zweifellos gekannt und sogar einige Motive daraus verarbeitet, wenn auch in ganz anderen Zusammenhängen. Etzel wird im Nibelungenlied nicht aus Rache ermordet, sondern als Werkzeug der Rache mißbraucht; die Burgunden werden nicht gerächt, sondern getötet aus Rache für Siegfrieds Tod. Warum sollte Kriemhild mit Hildico identisch sein?

Die Anhänger der Hildico-Theorie trumpfen nun damit auf, daß eben jene Sage von Attilas Ermordung irgendwann mit der Sage von Sigurds Tod verquickt und gleichsam als Fortsetzungsstory in den sogenannten Atli-Liedern der Edda besungen wurde, als eine Art zweiter Teil. (Atli ist die nordische Bezeichnung für Attila.)

In diesen Liedern heißt es, daß Gudrun (Sigurds Witwe und Tochter des Niflungen) Atli heiratet und tötet – allerdings nicht aus Rache für Sigurds Tod, wie es logisch gewesen wäre bei solcher Sequenz, sondern aus einem ganz anderen Motiv, das erst in der Fortsetzung erzählt wird: Atli nämlich hat – laut Edda – die Niflungen ermordet. Und deshalb muß Gudrun, die Niflungen-Tochter, Rache üben. Dieses Motiv macht deutlich, daß in der Gestalt Gudruns niemand anderer besungen wird als Hildico, die sagenhafte Mörderin Attilas, Tochter und Rächerin der Burgunden.

Und nun stellen die Anhänger der Hildico-Theorie eine Gleichung auf: Wenn die Gudrun aus dem zweiten Teil der Edda-Sagen identisch ist mit Hildico, dann muß Hildico identisch sein mit der Kriemhild aus dem zweiten Teil des Nibelungenliedes.

Diese im ersten Augenblick scheinbar einleuchtende und in ihrer verbalen Rhythmik imponierende Gleichung scheitert daran, daß zwar die ersten Teile der Edda-Sagen und des Nibelungenliedes vergleichbar sind – nicht aber die beiden zweiten Teile. Der irreführende Eindruck einer Vergleichbarkeit entstand dadurch, daß Hildico mit dem falschen Namen Gudrun ausgestattet und als Sigurds angebliche Witwe auf die Bühne geschmuggelt wurde, damit sich in den Edda-Liedern eine oberflächliche Verbindung herstellen ließ zwischen den beiden ursprünglich völlig getrennten Sagenkreisen.

Ein Bluff wird also hier erkennbar, ein sagenhafter Schwindel mit Alias-Namen, ein im wahrsten Sinne des Wortes uralter Trick, auf den so mancher hereinfiel – nicht aber der Nibelungendichter. Er übernahm zwar den Inhalt des ersten Teils der Edda-Sagen, verwarf aber die drangestückelte Fortsetzungsstory des zweiten Teils. Analog diente ihm nur die gewissermaßen echte Gudrun des ersten Teils der Edda-Sagen als literarisches Vorbild für seine Kriemhild im ersten Teil des Nibelungenliedes. Und für die Kriemhild des zweiten Teils holte er sich, wenn man so sagen darf, eine andere Frau als literarisches Vorbild.

Diese Frau müssen wir suchen.

Die gefälschten Chroniken

Gisela war diese Frau, sagt der ungarische Historiker Bálint Hóman. – Gisela, die Gemahlin des Ungarnkönigs Stephan!

Seine Theorie klingt auf Anhieb logisch. Denn Bálint Hóman hat schon überzeugend belegt, daß König Stephan zumindest partiell das literarische Vorbild abgab für König Etzel.

Zwangsläufig bieten sich die Gemahlinnen zu einem Vergleich an. Und in der Tat sind die Gemeinsamkeiten verblüffend:

– Gisela war Enkelin König Konrads von Burgund und Nichte des berühmten Passauer Bischofs Pilgrim (971–991) – und mit solcher Verwandtschaft durchaus vergleichbar Kriemhild, die laut Nibelungenlied dem Königshaus der Burgunden entstammt und Nichte des Passauer Bischofs Pilgrim ist.
– Zu Gisela kamen die Brautwerber von der Burg in Esztergom – wie denn auch zu Kriemhild die Brautwerber von der Burg in Esztergom kommen. König Stephan war, den deutschen Chroniken*

* Allen deutschen und im Westen bekannten Chroniken nach trat Stephan erst nach seiner Heirat mit Gisela zum Christentum über. Nur einige wenige und zudem erst später bekanntgewordene Quellen berichten, er sei schon vorher Christ gewesen.

nach, Heide. – Und König Etzel ist, dem Nibelungenlied nach, ebenfalls Heide.

- Für beide Frauen ergaben sich gleichermaßen problematische Situationen. Wir wissen zwar nicht, was Gisela bei diesem Heiratsangebot empfand, aber wir können sicher annehmen, daß sie, dem Zeitgeist entsprechend, ähnliche Bedenken hatte wie Kriemhild im Nibelungenlied: »Ich bin doch Christin, und alle Welt würde meine Vermählung mit einem Heiden wie eine Schande empfinden.«
- Gewiß haben die Brautwerber des Ungarnfürsten versucht, Giselas Bedenken zu zerstreuen – und zwar mit ähnlichem Argument wie Markgraf Rüdiger, der um Kriemhilds Hand anhält und sagt: »Vielleicht könnt ihr erreichen, daß mein Herr ein Christ wird und sich taufen läßt.«
- Gisela reist mit großem Gefolge nach Esztergom und erreicht tatsächlich, daß Stephan sich ihr zuliebe taufen läßt nach christlichem Brauch. – Kriemhild fährt ebenfalls mit großem Gefolge die Donau abwärts nach Esztergom und erreicht zumindest, daß Etzel den gemeinsamen Sohn Ortlieb taufen läßt »nach christlichem Brauche«.

Gisela erwies sich in Esztergom als eine fromme Frau, von hohem sozialem Engagement, die geduldig und konsequent an der Seite des Königs das Christentum einführte, die dafür später auch seliggesprochen wurde – und die in dieser historisch erwiesenen Rolle freilich mit Kriemhild nicht vergleichbar ist.

Doch auf die historische Wahrheit kommt es in diesem Fall nicht an. Entscheidend ist allein, daß, wie schon erwähnt, zur Zeit des Nibelungendichters nur gefälschte Chroniken im Umlauf waren, die ein völlig entstelltes Bild Giselas vermittelten: das Bild eines rachelüsternen, von Blutrunst erfüllten, furiosen Weibes an der Seite des willensschwachen Königs Stephan. Noch zu Lebzeiten des Königs wurde ihr wahrheitswidrig unterstellt, sie habe die Blendung des heidnischen Rebellen Wazul und die Hinrichtung seiner Anhänger veranlaßt. Und nach dem Tod Stephans im Jahre 1038 erging es ihr noch übler, sie wurde »das Opfer schlimmster Verleumdungen« (Leidl, *Die selige Gisela, Königin von Ungarn*). Als einige Männer aus Giselas Gefolge am ungarischen Königshof ermordet wurden, schrieben gedungene Chronisten, daß sie, Gisela, es gewesen sei, die Recken, Fürsten und Verwandte aus ihrer Heimat in eine Falle habe locken und massakrieren lassen. – Und nun, in dieser ihr übel unterschobenen Rolle, wird Gisela erkennbar als literarisches Vorbild für die Kriemhild des zweiten Teils – für das Teufelsweib Kriemhild, das die Burgunden in eine Falle lockt und massakrieren läßt.

Die schöpferische Leistung des Nibelungendichters bestand darin, zwei völlig verschiedene Vorbilder –

Gudrun und Gisela – zu verschmelzen und daraus eine neue Frauengestalt zu formen, die sich aus Siegfrieds sanfter Gemahlin überzeugend zu Siegfrieds satanischer Rächerin entwickelt.

Geheimaktion Gisela

Königin Gisela wurde im Jahre 1040 ermordet und in Vesprim (Ungarn) begraben – so hieß es in den gefälschten Chroniken, die zur Stauferzeit in Umlauf waren.

Als dann später der Schwindel mit der Geschichtsfälschung aufflog und die historische Wahrheit über Giselas segensreiche Regentschaft ans Tageslicht kam, pilgerten fromme Ungarn nach Vesprim zum angeblichen Grab der königlichen Märtyrerin. Doch Gisela lag dort gar nicht begraben. Sie war gar nicht gestorben im Jahre 1040. Ihr Leben verlief ganz anders.

Wie diese überraschende Variante in Giselas Biographie bewiesen werden konnte, ist eine Geschichte für sich:

Zu Beginn des 16. Jahrhunderts behauptete der Geschichtsschreiber Aventinus (1477–1534) in seinen *Annales ducum Boiariae*, daß Gisela im Jahre 1040 nicht ermordet, sondern verhaftet und in den Kerker geworfen worden sei. Ihr Neffe*, Kaiser Heinrich III., hätte sie 1044 aus ungarischer Haft befreit, nach Passau gebracht und im Kloster Niedernburg als Äbtissin eingesetzt. Dort sei die gepeinigte und verleumdete Königin fromm und hochgeehrt gestorben und begraben.

Das Passauer Kloster Niedernburg, eine Stiftung der Agilolfinger, ist in erstaunlicher Weise mit dem Namen Gisela in Verbindung zu bringen:

Es war im Jahre 996 von Kaiser Otto dem Passauer Bischof Pilgrim – einem Onkel Giselas – geschenkt worden. Giselas Bruder, der später heiliggesprochene Kaiser Heinrich II. (973–1124), hatte dem Kloster durch reiche Schenkung im Jahre 1010 zu finanzieller Blüte verholfen. Und es gab tatsächlich in Niedernburg eine Äbtissin namens Gisela, die von Kaiser Heinrich III. nach der Rückkehr von seiner Ungarnreise im Jahre 1044 in ihr Amt eingesetzt worden war. Es könnte also durchaus so gewesen sein, wie Aventinus schrieb, daß die ungarische Königin Gisela ihren Lebensabend als Äbtissin des Klosters Niedernburg verbracht hat.

Aventinus berief sich auf Chroniken, in denen solche Nachrichten übermittelt worden sein sollen. Diese Chroniken waren verschollen. Beweise fehlten also.

* Genaugenommen ein Neffe zweiten Grades, Sohn einer Cousine Giselas

Heinrich III.: Befreier Giselas. Aus einem Codex aureus

Deshalb blieben Aventinus' Schriften lange Zeit wenig beachtet, und so konnte es geschehen, daß Vesprim noch zweihundert Jahre danach unbestritten als offizieller Begräbnisort Giselas galt.

Erst im 18. Jahrhundert begannen Gelehrte und Historiker im Westen sich mit der Frage auseinanderzusetzen, ob die ungarische Königin tatsächlich als Äbtissin Gisela im Kloster Niedernburg von Passau begraben lag.

Sie konnten nicht feststellen, woher Aventinus sein Wissen bezogen hatte, denn es fanden sich trotz intensiver Suche keine Akten oder Chroniken aus der Zeit, die einwandfreie Beweise geliefert hätten. Die von Aventinus erstmals überlieferte Befreiung der Königin Gisela und ihre Einsetzung als Äbtissin muß – wenn überhaupt etwas dran war an dieser Behauptung – unter größter Heimlichkeit und nur mit Wissen weniger Eingeweihter geschehen sein. Die Aktion war wohl, modern gesagt, eine Geheimaktion des 11. Jahrhunderts.

Das Originalgrab der Äbtissin, das alleine noch Beweise hätte bergen können, war verschwunden. Es lag unter einem um 1425 darüber errichteten Hochgrab gotischen Stils.

Auf der Gedenkplatte des gotischen Hochgrabs fanden sich eingraviert die Abbildungen eines Vortragskreuzes – das übliche Emblem einer Äbtissin – und zweier Adler, zudem in gotischen Minuskeln (Kleinbuchstaben) die Inschrift: Anno. do. m. LXXXXV. nun ma. o. venbl. dna. Gisula. soror sancti. Hainrici. Imperatoris. uxor, Stephi. Regis. Ungariae. abbatissa. hujus. monasterii. hic. sepulta. (Im Jahre des Herrn 1095 am 7. Mai starb die ehrwürdige Herrin Gisela, die Schwester des heiligen Kaisers Heinrich, die Gemahlin des Königs Stephan von Ungarn, Äbtissin dieses Klosters, die hier begraben liegt.)

Mit dieser Inschrift war das Rätsel keinesfalls gelöst, sondern eher verkompliziert. Denn Königin Gisela – 985 geboren – wäre laut Todesdatum der Grabplatte im 110. Lebensjahr gestorben. Der Verdacht lag nahe, daß die gesamte Inschrift eine Fälschung war. Die Grabplatte, wie man sie auch drehte und wendete, bot eher Gegenargument als Argument:

Gesetzt den Fall, sie stammte aus der Bauzeit des gotischen Hochgrabs im Jahre 1425, dann hätte Aventinus zu Beginn des 16. Jahrhunderts möglicherweise die gefälschte Inschrift als Anregung für seine Geschichte der ungarischen Königin nehmen können. So besehen wäre seine Überlieferung völlig entwertet.

Wenn die Grabplatte aber erst später in das gotische Hochgrab eingefügt worden wäre, dann könnte der Text nur eine Wiedergabe – und keine Bestätigung – der unbewiesenen Überlieferung Aventinus' sein.

Es läßt sich freilich nicht ausschließen, daß die

Grabplatte eine getreue Kopie der verschwundenen Originalgrabplatte war und daß sich die falsche Jahreszahl 1095 als Irrtum erklären ließ. So jedenfalls argumentierten Historiker, die sich für eine Identität von Königin und Äbtissin stark machten.

Sie forderten damit freilich den erbitterten Widerstand anderer Gelehrter heraus, die solche Argumente als Gaunerstreich der Geschichtswissenschaft schmähten und die behauptete Identität als grotesken Schwindel zu entlarven versuchten. Es sei, so sagten sie, im Leben Giselas schon genügend gelogen und verfälscht worden; nach ihrem Tod wenigstens sollte man mit derlei Taschenspielertricks aufhören.

Der Gelehrtenstreit zog sich bis in unser Jahrhundert hin. Genaugenommen bis zum 31. Juli 1908. Dieser Tag brachte des Rätsels Lösung. Und das kam so:

»Eine grazile Frau, größer als 1,70 Meter«

Hauptkonservator für Denkmalpflege in München, Dr. Wolfgang Schmid, ein gebürtiger Passauer, war der Überzeugung, daß sich nur im Originalgrab der Äbtissin endgültige Beweise oder Gegenbeweise für oder gegen die Identitäts-Theorie finden ließen. Er hatte schon als Archäologe große Erfahrungen gesammelt bei den Untersuchungen der Kaisergräber in Speyer und der berühmten Wittelsbacher-Gräber in Zweibrücken. Unter Berufung auf solche Erfolge und die ihm lobend bescheinigte Behutsamkeit im Umgang mit historischen Gebeinen beantragte er die Exhumierung Giselas.

Am 30. Juli 1908 begann er mit bischöflicher Genehmigung, im Kloster Niedernburg zu graben.

»Die Arbeiten«, so schreibt Schmid in seinem Grabungsbericht, »wurden in aller Stille bei geschlossenen Kirchentüren ausgeführt von zwei vorsichtigen Maurern unter meiner Leitung und ständigen Aufsicht.«

Um das Hochgrab nicht zu zerstören oder zu gefährden, ließ Schmid nicht darunter, sondern daneben in die Tiefe schürfen. Am 31. Juli stießen die Maurer auf einen Sarg, der, wie eine Inschrift erwies, die Gebeine der 1774 verstorbenen Äbtissin Maria Antonia von Eiseneck enthielt.

Von dort aus führte überraschenderweise ein offensichtlich vor Jahrhunderten schon aufgebrochener Verbindungsgang direkt unter das gotische Hochgrab zum Kopfende von Giselas Grab, wo Schmid im Schein der Taschenlampe, auf Armlänge entfernt, einen Schädel sah – aber kein Skelett! Es lagen nur einige »wohl zusammengelegte und geordnete Gebeine« dicht um den Schädel herum gruppiert.

Die Frage war: Handelte es sich um die sterblichen Reste der dort bestatteten Äbtissin Gisela oder um Teile eines anderen Skeletts, die, aus welchen Gründen auch immer, bei den rätselvollen Grabungen vor Jahrhunderten in Giselas Grabkammer deponiert worden waren? Schmid holte mühsam den Schädel und die Knochen heraus und verpackte sie in eine Kiste, die er mit dem erzbischöflichen Siegel verschloß.

Dann ließ er entlang der Längsseite von Giselas Grab eine neue Grube ausheben und die Seitenwand abtragen. Es stellte sich heraus, daß die Grabkammer (bis auf den Kopfteil, wo Schädel und Knochen lagen) ziemlich hoch mit Erde angefüllt war. »In der Grube liegend« – so Schmid – »habe ich die genaue Untersuchung der Erdauffüllung des Grabes vorgenommen, indem jeder Kubikzentimeter auf bereitgelegtes weißes Papier gestreift und auf seinen Inhalt geprüft wurde. Das Resultat war folgendes: Es lag keine Leiche mehr im Grab. Auch von irgendeiner Beigabe aus Metall oder Textil war keine Spur zu finden.«

Bei diesen mühsamen Arbeiten konnte Schmid dann noch drei Zähne, einen Unterarmknochen und Knöchelchen von Zehen, Mittelhand und Mittelfuß entdecken, die zweifellos zu dem dort verschwundenen oder zumindest in seiner ursprünglichen Lage veränderten Skelett Giselas gehörten. Sie paßten, wie später anthropologische Untersuchungen ergaben, zu den am Kopfteil des Grabes aufgehäuften Skeletteilen, die sich somit als sterbliche Reste der Äbtissin Gisela identifizieren ließen. Aus diesen Knochen und dem Schädel konnte Professor Birkner vom Gerichtsmedizinischen Institut der Universität München eine Personenbeschreibung gewinnen: Gisela war eine Frau mit »schönem Oval« des Kopfes, schmaler Nase, breiten Wangenknochen, etwas spitzem Kinn, sehr schlank, grazil und für damalige Verhältnisse ungewöhnlich groß: »1,70 Meter, wenn nicht mehr«.

Der Doppeladler auf dem Grab der Äbtissin

War nun diese Frau identisch mit der ungarischen Königin Gisela – und analog dazu mit dem literarischen Vorbild von Kriemhild aus dem zweiten Teil des Nibelungenliedes?

Wie gesagt, die erhoffte, mit Namen beschriftete Bleiplatte zur Identifizierung fehlte. Möglich, daß keine mitgegeben worden war, möglich auch, daß Grabräuber sie erbeutet hatten.

Die ganze Hoffnung Dr. Schmids stützte sich nun auf den freigelegten Originalgrabstein. Er war aus weißem Kalkstein, mit Rötel verfärbt, 154 Zentimeter lang, 54 breit und 30 dick. Im Gegensatz zur Grabplatte des gotischen Hochgrabs fehlte jeder schriftliche Hinweis auf Giselas Königswürde. Es stand nur geschrieben: GISYLA ABBATISSA. Darüber: NON MAI (7. Mai, offensichtlich das Sterbedatum). Und am Rand war eine rätselhafte, bis heute noch nicht dechiffrierte Inschrift zu lesen:

ORIBE / IS / HU / CRUCIFIXE / REDEMPTIS

In der Bildgestaltung allerdings stimmten die beiden Grabplatten ziemlich überein. Im vertieften Mittelfeld des Originals war das Vortragskreuz einer Äbtissin eingemeißelt, und auf dem Querbalken des Kreuzes standen, etwa in natürlicher Größe – wesentlich größer als auf der gotischen Platte –, zwei Adler mit erhobenen Schwingen je auf einem Bein.

Nun erst, da diese Adler auf beiden Grabplatten zu sehen waren, maß ihnen die Wissenschaft große Bedeutung zu. Dr. Schmid kam auf den Gedanken, daß sie als Doppeladler aufzufassen sind – als uraltes Hoheitssymbol – und daß »darin ein Hinweis auf weltliche Verhältnisse, auf eine hohe fürstliche Stellung der Äbtissin enthalten ist...« (Schmid, *Das Grab der Königin Gisela von Ungarn*). Die beiden Adler können sogar »als Beweis für die hohe fürstliche Abstammungund königliche Würde der Verstorbenen gelten« (Hielscher, *Gisela, Königin von Ungarn*). Und: »Wenn die beiden Adler auf dem Grabstein einen Sinn haben

Originalgrabstein Königin Giselas. Zeichnung nach einer alten Photographie

sollen, dann deshalb, weil hier jemand begraben wurde, dem fürstliche Abstammung und königliche Würde zu eigen waren.« (Leidl, *Die selige Gisela, Königin von Ungarn*)

So besehen lassen sich die rätselvollen Zusammenhänge aus dem Mittelalter erklären: Der Doppeladler war wohl ein verschlüsselter Hinweis darauf, daß Äbtissin Gisela die verleumdete und seit 1040 totgesagte, tatsächlich aber im Jahre 1044 von Kaiser Heinrich III. aus dem Kerker von Esztergom befreite Ungarnkönigin Gisela ist. Diese Identität – im 11. Jahrhundert offenbar ein Geheimnis von höchster politischer Brisanz und nur wenigen bekannt – brauchte Jahrhunderte später nicht mehr verschleiert zu werden. Beim Bau des gotischen Hochgrabs im Jahre 1425 wurde deshalb die Königswürde der Äbtissin offiziell auf den Grabstein geschrieben – versehentlich aber mit einem Todesdatum, das unmöglich stimmen konnte, so daß die ganze Inschrift als Fälschung verdächtigt werden mußte.

Seit den archäologischen Ausgrabungen im Jahre 1908 geht die Wissenschaft davon aus, daß die Inschrift stimmt und daß auch die Nachrichten in den *Annales* von Aventinus authentisch sind. Die Identität von Königin und Äbtissin Gisela gilt heute als gesicherte Lehrmeinung.

Giselas Grab, in dem die 1908 exhumierten

Gebeine wieder liegen, ist inzwischen eine Pilgerstätte. Einmal im Monat treffen sich Exilungarn zur Andacht im Kloster Niedernburg. Und am 7. Mai jeden Jahres – am Sterbe- und Gedenktag Giselas – kommen Pilgerscharen zum Grab der ersten ungarischen Königin.

Der Nibelungendichter, der am Passauer Bischofssitz ein- und ausging, hat die letzte Ruhestätte der Passauer Äbtissin sicherlich gekannt und wohl auch irgendwann einmal besucht – aber nicht gewußt, daß er vor dem Grab der Frau steht, deren verfälschte Biographie ihn zur Darstellung seiner Kriemhild inspiriert hatte.

Dietrich von Bern

Der Kriegsheld

Dietrich von Bern, der beliebteste deutsche Sagenheld, ist dem bedeutendsten Germanenkönig nach Attilas Tod nachempfunden: Theoderich dem Großen.

Theoderich – illegitimer Sohn des Ostgotenkönigs Theodemer – kam zur Welt, als Attila starb: im Jahre 453. Wenige Jahre später zerfiel das Hunnenreich. Die Ostgoten befreiten sich vom Joch der hunnischen Vormundschaft und versuchten, gestärkt vom neuen Selbstgefühl, sogleich das Oströmische Reich zu erobern. Doch das Ziel war zu hoch gesteckt. Ihr Feldzug scheiterte; sie gerieten in ein neues Abhängigkeitsverhältnis, diesmal zu Ostrom, und erhielten im Jahre 459 ein demütigend kleines Reservat in der Gegend von Slowenien zur Besiedlung zugewiesen. Um ihr

Wohlverhalten zu garantieren, mußten sie Geiseln stellen – unter anderen den damals sechsjährigen Königssohn Theoderich, der neun Jahre lang am Kaiserhof in Byzanz erzogen wurde.

Als Siebzehnjähriger – im Jahre 470 – kehrte er zu den Ostgoten zurück, die er sogleich zu Raubzügen in den westlichen Balkan mobilisierte. Seine Beute und seine Landgewinne waren so beträchtlich, daß er – der illegitime Sproß des Königs – nach des Vaters Tod im Jahre 471 zum König gewählt wurde.

Und nun, mit solcher Würde ausgestattet, stand ihm der Sinn nach einer erhabenen Tat: nach der völligen Befreiung seiner Ostgoten aus dem Abhängigkeitsverhältnis zu Byzanz. Er unternahm einen Kriegszug, stürmte nach Osten vor, war schon drauf und dran, Byzanz zu erobern, scheiterte aber dann doch und ließ sich auf ein für beide Teile vorteilhaftes Bündnis mit dem oströmischen Kaiser Zenon ein.

Mehrere Jahre verliefen für Theoderich friedlich. Erst als im Jahre 488 Odoaker in Italien für die Ostgoten und Ostrom gefährlich zu werden drohte, entschloß er sich wieder zum Kampf.

Odoaker, um 430 geboren, Sohn eines skythischen Vasallen am Hofe Attilas, seit 469 germanischer Söldnerführer in weströmischen Diensten, hatte im Jahre 476 den Kaiser Romulus Augustulus abgesetzt und sich selbst zum König ausrufen lassen. Von seiner

Residenz in Ravenna aus unternahm er Beutezüge großen Stils in alle Richtungen, er vergrößerte sein Reich immer mehr – bis zum Jahre 488, als Theoderich kam und ihn zum Kampf forderte.

»Geschmückt wie zu einem Festgelage« – so berichtet ein Chronist – »ritt Theoderich an der Spitze seines Heeres, der vornehmste und tapferste Krieger von allen.« Den ersten Sieg über Odoaker erfocht er bei Verona, einer Stadt, die er später als Wohnsitz wählte und der er auch seinen Namen als Sagengestalt verdankt: Dietrich von Bern. Denn Bern war einst die deutsche Bezeichnung für Verona.

Nach einigen weiteren Schlachten und einer mehrjährigen Belagerung Ravennas – der sogenannten Rabenschlacht – wurde Odoaker dermaßen in die Enge getrieben, daß er Theoderich ein Friedensangebot machte: Er sei bereit, sich zu ergeben, wenn Theoderich ihn als Mitregent akzeptieren würde.

Theoderich sagte zu – und stieß Odoaker beim ersten Zusammentreffen einen Dolch zwischen die Rippen.

Ein Mord – kein Zweifel. Darin waren sich die Chronisten einig. Doch die Nachricht von solch heimtückischer Tat schadete dem Nimbus des Königs Theoderich nicht im geringsten.

Der Friedensstifter

Im Gegenteil. Theoderich galt nun, mehr als je zuvor, als starker Herrscher und furchtbarer Feind, gnadenlos und verschlagen, aber auch als verläßlicher Freund, in dessen Schutz es sich gut leben ließ. Und auf diesem Ruf seiner rücksichtslosen Brutalität baute er nun eine Politik des Friedens auf. Der Kriegsheld wurde zum Friedensstifter.

Innenpolitisch schuf er Ruhe, indem er Goten und Römer durch Heiratsverbot trennte, aber friedlich nebeneinander leben ließ nach herkömmlichen Rechten und Gewohnheiten. Den Goten übertrug er Hofhaltung und Heeresführung, den Römern die Zivilverwaltung und Wirtschaft. Bemerkenswerterweise ließ er römische Knaben die Kunst des Lesens und Schreibens erlernen, während er den germanischen Jungen die Büffelei mit der Begründung ersparte, höhere Schulbildung sei der Entfaltung von Mut und Kampfeslust abträglich.

Außenpolitisch versuchte Theoderich dauerhaften Frieden zu schaffen durch ein Bündnissystem, dem alle germanischen Stämme angehören sollten. Er hatte auch große Erfolge damit. Sein Netz freundschaftlicher Abkommen überzog Italien, Sizilien, Dalmatien, Pannonien, Rätien und Norikum, die Gebiete der Alamannen und der Westgoten in Spanien und in der Provence.

»Es huldigten ihm« – so heißt es in einer Chronik – fast »alle Völker und Herrscher der westlichen Welt durch Freundschaft und Unterwerfung.« Nur einer war gegen ihn: Chlodwig I., Frankenkönig aus dem Geschlecht der Merowinger, der seinerseits dynastische Ziele verfolgte und benachbarte Völker, wie etwa die Burgunder, zu unterjochen versuchte. Theoderich hielt solche Expansionsbestrebungen Chlodwigs in Grenzen und rettete mehrmals die Burgunder vor fränkischen Übergriffen. Nach Chlodwigs Tod (511) hatten die Nachbarvölker der Franken, beschützt von Theoderich, sogar mehrere Jahre hindurch Frieden und Sicherheit. Als Theoderich aber im Jahre 526 an Ruhr starb, ging es mit den Kämpfen allmählich wieder los.

Chlodwigs Sohn – Chlotar I. – griff im Jahre 534 die Burgunder an, die nun niedergeworfen und dem Frankenreich angegliedert wurden. Nach Chlotars Tod (561) teilten seine Söhne Sigibert I., Chilperich I. und Guntram das Reich in drei Teile: Austrien, Neustrien und Burgund. Sigibert heiratete im Jahre 567 die westgotische Königstochter Brünhild – und unversehens, aber wohl nicht zufällig, geraten wir in eine andere stoffgeschichtliche Ebene des Nibelungenliedes, aus der wir uns nun wieder ausblenden, da wir sie schon kennen.

Der Teufelsreiter, der zur Hölle fährt

Theoderich der Große wurde in einem Grabmal byzantinischen Stils bestattet, das er selbst sechs Jahre vor seinem Tod hatte errichten lassen. Es ist heute noch in Ravenna zu sehen: ein zweistöckiger Rundbau aus Kalkstein, 12 Meter im Durchmesser, 18 Meter hoch, bedeckt von einer 8000 Zentner schweren Kuppel.

Von Theoderich gibt es ein Porträt auf einer Goldmünze. Es zeigt ihn mit Stirnfransen, gelocktem Schläfenhaar, blasiert emporgezogenen Augenbrauen, Schnurrbart und besorgniserregend hervorquellenden Basedow-Augen, die auf eine Überfunktion der Schilddrüse und nervöse Reizbarkeit schließen lassen. Doch zu Theoderichs Gunsten können wir annehmen, daß eine Ähnlichkeit nicht gegeben ist. Denn die geprägten Porträts auf Münzen, Medaillons und Siegeln der damaligen Zeit sehen alle gleich aus.

Bald nach Theoderichs Tod begann die Sage zu blühen. Seine ungewöhnliche Lebensgeschichte, seine Abenteuer in Byzanz, im Balkan und in Italien, vor allem aber seine Erfolge als Kriegsheld und Friedensstifter boten genügend fabelhaften Stoff, den die Sagendichter aufgriffen und mit ihrem Recht auf schöpferische Freiheit umformten: Den neunjährigen Aufenthalt Theoderichs am Kaiserhof in Byzanz dramatisierten sie zur sagenhaften Geschichte von Dietrichs Verbannung

Dietrich von Bern mit seinem Feueratem. Miniatur aus einer Handschrift *Rosengarten,* um 1420

an den Hof König Etzels. Theoderichs historischen Gegenspieler Odoaker verwandelten sie in den Ostgotenkönig Ermanarich, einen Tyrannen, der im 4. Jahrhundert gelebt hatte. Sie statteten Dietrich von Bern mit Freunden und Vasallen aus, von denen in erster Linie der alte Hildebrand – sein Erzieher, Waffenmeister und Kampfgefährte – zu nennen ist.

Zahllos sind die Lieder und Epen, die vor und nach dem Nibelungenlied entstanden, so etwa das *Eckenlied*, das *Witege-Dietrich-Lied*, das *Hildebrandslied*, die Sagen von *Alpharts Tod*, von *Biterolf und Dietleib*, von *Dietrichs Flucht und Deors Klage*, das Epos vom *Rosengarten*, die *Thidrekssaga* oder das *Rabenschlachtlied* und so weiter. Immer wird Dietrich als bedenkenloser Draufgänger geschildert, als permanenter Sieger ohne Sensibilität, als Friedensstifter mit vordergründigen Absichten. Einige Dichter haben ihn sogar dämonisiert: Er sei, so berichteten sie, Vorreiter der »Wilden Jagd« wie der germanische Göttervater Odin; er würde in einem Berg residieren und auf den Jüngsten Tag warten wie Kaiser Karl oder Friedrich Barbarossa; er hätte einen »Feueratem« dank Teufelspakt und höllischer Herkunft. Und deswegen hätte ihn auch der Teufel geholt: Dietrich saß, so wird überliefert, gerade im Bade, als er einen Hirsch sah, den er stracks zu jagen begehrte. Kaum hatte er diesen Wunsch gedacht, schon stand ein feuriges, schwarzes Roß vor ihm: der Teufel selbst. Er schwang sich in den Sattel, galoppierte hinter dem flüchtenden Hirsch her und ward auf Nimmerwiedersehen entführt. Dietrich von Bern – der Teufelsreiter, der zur Hölle fährt.

Ganz anders sah ihn der Dichter des Nibelungenliedes.

Der christliche Ritter mit weinenden Augen

Dietrich von Bern spielt im Nibelungenlied die Rolle des christlich-humanen Ritters:

Als die Nibelungen vor der Etzelburg ankommen, reitet er ihnen entgegen, um sie zu warnen: »So lange Kriemhild lebt, sinnt sie auf Rache. Hütet euch davor!«

Beim Ausbruch der Kämpfe ist es Dietrich, der Einhalt gebietet und einen vorübergehenden Waffenstillstand erzwingt, um Kriemhild und Etzel das Leben zu retten und sicher aus dem Saal zu geleiten. Er greift in die Kämpfe nicht ein. Seinen Gefolgsleuten verbietet er die Teilnahme an der Schlacht.

Als er die Botschaft vernimmt, daß sein Freund Rüdiger von Bechelaren gefallen sei, schickt er seine Mannen zum Kampfplatz, allerdings mit dem strikten Auftrag, nur die Nachricht zu überprüfen und eine bewaffnete Auseinandersetzung unter allen Umständen zu vermeiden. Trotzdem kommt es zum Kampf, bei dem alle – außer dem alten Hildebrand – erschlagen werden.

Und nun kann Dietrich nicht mehr anders, nun muß er kämpfen. Aber er ist der einzige im Nibelungenlied, der kämpft und siegt – ohne zu töten!

Er überwältigt Hagen und Gunther im Ringkampf, liefert sie gefesselt Kriemhild aus und bittet um das Leben der beiden Nibelungen. Kriemhild sagt ihm dies zu. Und Dietrich geht »mit wéinénden ougen« fort.

»Niemand kann verkennen, daß in Dietrichs tränenreicher Mitleidshaltung der christliche Geist das altheroische Ethos überwunden und damit – im letzten Akt der Tragödie – das Tor zu einer anderen Welt geöffnet hat. Erweist sich das Nibelungendrama insgesamt als die Tragödie entfesselten heroischen Menschentums ..., so erscheint hier am Ende des Katastrophenweges mit Dietrich von Bern eine Gestalt völlig anderer Art, die neue und höhere Möglichkeiten des Menschseins sichtbar werden läßt.« (Nagel, *Das Dietrichbild des Nibelungenliedes*)

Gewiß hat der Nibelungendichter mit Dietrichs großem Auftritt in der letzten Aventiure das Ideal des christlich-humanen Ritters beschworen, gewiß hat er auch die »höheren Möglichkeiten des Menschseins sichtbar werden« lassen wollen.

Aber der Dichter fühlte sich vor allem der aktuellen Wirklichkeit verpflichtet. Vergessen wir nicht: Die staufische Epoche, in der er lebte, war trotz aller kultureller Blüte eine Zeit des moralischen Verfalls, des Niedergangs ritterlicher Tugenden, des Untergangs aller Ideale, die sich mit dem Begriff des »alten Reckentums« umschreiben ließen. Und deshalb konnte Dietrichs christlich-humane Bitte nicht erfüllt werden. Oder besser: Deshalb konnte der Dichter die christlich-humane Bitte nicht erfüllen. Deshalb mußte er den Untergang der Nibelungen bis zum bitteren Ende inszenieren: Kriemhild läßt Gunther köpfen, erschlägt Hagen eigenhändig und wird schließlich selbst »in Stücke gehauen«.

Und der Mann, der an Kriemhild die Blutrache vollstreckt, der sie »in Stücke« haut – das ist der alte Hildebrand, der Erzieher und Waffengefährte eben jenes christlich-humanen Dietrich von Bern.

Volker von Alzey

Ein Mann ohne Vergangenheit

Volker ist Spielmann, Fahnenträger und vornehmer Vasall der burgundischen Könige, ein edler Herr mit gefährlichen Blicken und lustigen Sprüchen. Nur einmal wird er mit vollem Namen genannt: Volker von Alzey.

Alzey, fünfunddreißig Kilometer nordwestlich von Worms gelegen, einst Römerkastell, dann Ritterburg, ist heute weltberühmt als Stadt des Nibelungenhelden Volker und führt die Fiedel im Wappen.

Volkers Fiedel?

Das sogenannte Fiedelwappen ist nicht etwa, wie man im ersten Augenblick glauben möchte, ein Werbegag der Fremdenverkehrsexperten zur örtlichen Vermarktung des Nibelungenliedes, sondern ein uraltes

Wahrzeichen, erstmals auf einem Siegelstein der Herren von Alzey aus dem Jahre 1254 belegt. Auch die Grabplatte eines 1265 verstorbenen Alzeyer Truchsesses namens Jakob Rapa zu Stein zeigt eine gemeißelte Fiedel mit fünf Saiten und kleeblattförmigen Schalllöchern.

Nach Auffassung von Historikern ist das Alzeyer Fiedelwappen noch weitaus älter als Siegelstein und Grabplatte – und somit auch älter als das Nibelungenlied. Deshalb fühlten sich einige Forscher zu der Vermutung verführt, daß Volker ein Burgherr von Alzey gewesen sein könnte: »Die Herren von Burg Alzey... führten einst eine Fiedel im Wappen und hießen im Volk die Fiedeler. Daraus wird deutlich, warum ... Volker die Geige, sein Wappen, mit in den Kampf trägt.« (Grimm, *Die deutsche Heldensage*) Und: »Wenn in der Burgundersaga, die im Mittelalter im Nibelungenlied ihre dichterische Gestalt gefunden hat, ein historischer Kern steckt, so können wir uns im Alzeyer Kastell einen burgundischen Kommandanten vorstellen, blond, tapfer und musikalisch.« (Klumbach, *Alzey, Vicus und Kastell*)

Solch schwärmerische Deutung indes muß daran scheitern, daß es weder zur Römerzeit noch zu den Jahren des Burgundenkönigs Gundahar oder in den Jahrhunderten danach einen historischen Volker von Alzey gab. Die Forschung hätte ihn gewiß entdeckt.

Denn: »Eine Persönlichkeit des geschichtlichen Lebens, die markant genug gewesen wäre, um eine literarische Wirkung zu veranlassen, und das heißt hier, in ein Weltgedicht hineinzuwachsen, wäre nicht unbemerkt geblieben.« (Wilhelm, *Volker von Alzey*)

Zwar fanden Nibelungenforscher immer wieder Gestalten dieses Namens im deutschsprachigen Raum, einen Volker in Würzburg etwa, einen in Lothringen, einen in Ungarn sogar – Volker hier, Volker da –, aber immer wieder erwies sich: Keiner konnte das literarische Vorbild für Volker von Alzey sein. Auch ein im Jahre 1154 urkundlich erwähnter flandrischer Landwirt mit dem Spitznamen »Folcherus ioculatur« (Spaßmacher Volker), von Lokalpatrioten an den Haaren herbeigezogen, erwies sich als unverdächtig und mußte wieder laufengelassen werden.

In frühen Sagen fand sich ebenfalls kein Volker, nicht einmal eine Gestalt mit anderem Namen, weder ein Spielmann noch ein Fahnenträger oder burgundischer Vasall, der irgendwie an den Nibelungenhelden erinnern würde. »Wir müssen uns damit abfinden, daß die Sagen-Bauteile des Nibelungenliedes keinen Volker enthalten ...« (Wilhelm, *Volker von Alzey*)

Wenn nun Volker – gewissermaßen ein Mann ohne Vergangenheit – die einzige Gestalt des Nibelungenliedes ist, über die wir nichts aus Sagentexten und nichts aus historischen Überlieferungen erfahren, dann bleibt uns nur noch eine Quelle, die Auskunft geben könnte über das literarische Vorbild für den edlen Spielmann: das Nibelungenlied selbst.

Vielleicht läßt uns der Dichter wissen, wer dieser Volker von Alzey wirklich war.

Spielmann mit Protektion

Wer der Volkêr wære, daz wil ích iuch wizzen lân.
er was ein edel herre. im waz ouch undertân
vil der guoten recken in Burgonden lant.
durch daz er videlen kunde, was er der spilman genant.

Daß Volker ein Spielmann ist, muß uns erstaunen. Denn Spielmänner waren Leute von zweifelhaftem Ruf und nicht gesellschaftsfähig. Sie gehörten zum Volk der Bärentreiber und Gaukler, Akrobaten und Quacksalber. Manchmal waren sie adliger Herkunft, manchmal auch Dichter von unbestreitbarer Begabung, aber an den Fürstenhöfen – wo sie burleske Lieder sangen, tanzten und die Fiedel spielten – durften sie nicht an den Ehrentafeln sitzen wie die führenden Gefolgsleute, die berühmten Minnesänger und Epiker.

Wenn nun der Spielmann Volker von Alzey im Nibelungenlied als »edler Herr« und Anführer vieler guter Recken vorgestellt wird, wenn er gar Fahnenträger der Burgunden und vornehmer Vasall der Könige ist, dann müssen wir, wenn man so sagen darf, dichterische Protektion annehmen. Der Verdacht ist um so mehr begründet, als der Dichter seinem Spielmann immer wieder ruhmreiche Rollen zuweist: Volker sitzt beim Gastmahl in der Markgrafenburg von Bechelaren am Ehrentisch und huldigt den Damen nach Art hochgestellter Persönlichkeiten. Rüdigers Gemahlin und Tochter ehren ihn mit Küssen. Dietrich von Bern begrüßt ihn vor der Etzelburg mit Namen. Rüdiger von Bechelaren bezeichnet ihn als einen »besonders wohlgezogenen Mann«. König Gunther sagt von ihm: »Keinem vertraue ich die Fahne der Burgunden lieber an als Volker, dem kühnen Mann.« Kriemhild warnt die Hunnen: »So stark und kühn Hagen auch sein mag, Volker ist noch stärker und gefährlicher.« Die Hunnen weichen vor ihm trotz großer Übermacht zurück, und einer sagt: »Selbst für Türme von rotem Gold würde ich diesen Fiedelspieler nicht angreifen, schaut euch seine gefährlichen Blicke an.« Und nachts blasen die Hunnen einen Handstreich gegen die Nibelungen ab, denn: »Was wir im Sinne hatten, kann nun nicht geschehn. Ich seh' den Fiedelspieler vor dem Hause Schildwacht stehn.«

Volker ist der einzige im Nibelungenlied, den der stolze und grimmige Hagen von Tronje als seinen

»Freund« bezeichnet. »Es reut mich ohne Maßen« – sagte Hagen auch –, »daß ich je bess'ren Sitz gehabt als dieser Degen.« Daraus läßt sich schließen, daß Volker von Alzey früher einmal hauptberuflich Spielmann war und am Katzentisch des fahrenden Volkes hat speisen müssen, daß er aber dank künstlerischer oder kämpferischer Leistungen zu höheren Ehren aufstieg und schließlich an der Ehrentafel sitzen durfte. Volker könnte also, wenn man es modern ausdrücken will, ein sozialer Aufsteiger gewesen sein. Doch niemand hätte ihn nach solcher Karriere noch einen Spielmann geheißen oder an seine Vergangenheit erinnert. Der Nibelungendichter indes bezeichnet Volker fortwährend als »edlen« Spielmann oder »Fiedler« und rühmt auch seine musischen Talente: Als in Bechelaren die Markgräfin ihres toten Sohnes gedachte und Tränen aus ihren Augen stürzten, da trat Volker vor sie hin, »er videlte süeze dœne und sanc ir sîniu liet«, bis ihre Traurigkeit verflog. Als die Nibelungen auf der Etzelburg aus Sorge nicht einschlafen konnten, hielt Volker mit Hagen zusammen Nachtwache, er lehnte seinen Schild an die Wand, ergriff die Fiedel, setzte sich auf einen Stein, und »da erklangen seine Saiten, daß das ganze Haus erscholl ... Süßer und sanfter hob er zu geigen an, er spielte in den Schlummer gar manchen sorgenden Mann.«

Und als dann die Kämpfe entbrennen, da beginnt

Volker »auf ungewohnte Weise zu fiedeln«. Sein Fiedelbogen wird zur Metapher für das Schwert. Des Spielmanns »Weisen klingen schrecklich, sein Bogenstrich ist rot, mir schlagen seine Töne gar manchen Helden tot«, klagt König Etzel. Und König Gunther sagt zu Hagen: »Hört Ihr die Töne, die dorten Volker mit den Hunnen fiedelt? Es ist ein roter Anstrich, den er am Fiedelbogen hat.« Hagen antwortet: »Ich sah nie einen Fiedelspieler so herrlich im Kampfe stehn wie diesen Volker – sein Fiedelbogen schneidet durch den harten Stahl . . ., seine Weisen hallen durch Helm und Schild.«

Aus solchen Schilderungen ist unschwer zu ersehen, daß der Dichter seinen Spielmann – dem damaligen Zeitverständnis nach – »mit besonderer Liebe hervorgehoben« hat (Holtzmann, *Untersuchungen über das Nibelungenlied*). Volker ist ein Mann der Etikette und ein Verehrer schöner Frauen, ein treuer Freund und furchtbarer Feind, ein Künstler und Krieger. »Der Sänger und Spielmann, das Musische im Wesen dieser Gestalt, ist dem Dichter kein Widerspruch zum Schwertträger und Kämpfer. Es erscheint ihm vielmehr in der Persönlichkeit Volkers als Symbiose.« (Grau, *Nibelungenlied*)

Und gerade diese Symbiose, diese Kombination von Künstler und Kämpfer muß zu einem kühnen Verdacht ermutigen: daß der Dichter des Nibelungenliedes selbst das literarische Vorbild für Volker von Alzey ist. Denn die Wesenszüge von Dichter und Volker stimmen völlig überein.

»Das Idealbild seines eigenen Wesens«

Die Wesenszüge des Dichters, wir kennen sie wohl. Wer mehr als zweitausend Strophen eines Epos schreibt, wer rund zehntausend Strophenzeilen hindurch eine Geschichte von Liebe und Mord, Verrat und Rache, Treue und Untergang erzählt – der kann seine Neigungen und Abneigungen, seine Gedankengänge und charakterlichen Eigenheiten nicht verbergen, der offenbart dem Leser oder Zuhörer sein eigenes Psychogramm, sein seelisches Porträt. Und deshalb erkennen wir Wesenszüge im Dichter, die den Vergleich mit Volker nahelegen: »In der Gestalt Volkers ..., der auf Bechelaren der Markgräfin mit seiner Kunst huldigt, am Hunnenhof aber die Fiedel mit dem Schwert vertauscht und mit seinen Herren in den Untergang geht, mag der Dichter ein Idealbild seines eigenen Wesens und Wirkens gestaltet haben. Denn das ist das Entscheidende: Der Dichter des Nibelungenliedes trug beide Möglichkeiten in sich. Er war ein Mann der feinen staufischen Ritterkultur, mit zarter Seele und weichem Empfinden für Liebesglück und -leid, begeistert für zuchtvolle Haltung und den Glanz des Hoflebens. Aber er hatte sich daneben... den Sinn für das Männlich-Harte des Kriegerberufes bewahrt. So zeigt ihn sein Werk.« (Ranke, *Der Dichter des Nibelungenliedes*)

Fragen drängen sich auf:

Hat der Nibelungendichter unbewußt seine Wesenszüge auf Volker übertragen? Oder hat er sich etwa ganz konkret und ganz bewußt mit Volker von Alzey identifiziert? Hat der Dichter, dessen Namen verschwiegen und vergessen werden sollte, der hinter seinem Werk zurücktreten mußte, der den Ruhm nicht ernten konnte, das bedeutendste Epos des Mittelalters geschrieben zu haben – hat dieser Dichter sich etwa selbst für die Nachwelt ein literarisches Denkmal gesetzt in der Gestalt des Spielmannes Volker?

Eine faszinierende Vorstellung. Wie können wir sie beweisen? Was wissen wir überhaupt von dem Dichter, der unbekannt blieb über Jahrhunderte hinweg?

Der Gast in Alzey

Eine ganze Menge! Aus dem Nibelungenlied können wir – wie aus einer Detektivstory – zahlreiche versteckte Hinweise und Indizien zu seiner Biographie herauslesen. Ohne hier auf die in meinem Buch *Die Spur des Sängers* detailliert vorgetragenen Argumente genauer einzugehen, läßt sich sagen: Der Dichter des Nibelungenliedes war ein Ritter adliger Abstammung, gebürtiger Österreicher und im Donauland beheimatet. Früher dürfte er ein Spielmann gewesen sein, denn er hat in der Gestalt Volkers »seinen eigenen Stand verherrlicht« (Heusler, *Nibelungensage und Nibelungenlied*). Durch künstlerische und – oder – kämpferische Leistungen gelang ihm offensichtlich der soziale Aufstieg zum anerkannten Epiker im Einflußbereich des Passauer Bischofs Wolfger. An dessen Hof lernte er Walther von der Vogelweide, Bligger von Steinach und Albrecht von Johannsdorf kennen. Er stand auch in Beziehung zum Babenberger Herzog Leopold dem Glorreichen. Zusammen mit den Dichtern Hartmann von Aue, Reinmar dem Alten und – dem während der Reise verstorbenen – Friedrich von Hausen war er Teilnehmer des Barbarossa-Kreuzzuges von 1189 bis 1192. Mit Sicherheit ist anzunehmen, daß er als fahrender Ritter durchs Rheinland zog, Worms kannte und im Kloster Lorsch einige Zeit als Gast weilte. Ungeklärt ist, warum er das Nibelungenlied anonym schreiben wollte oder mußte.

Wie ich in meinem Buch *Die Spur des Sängers* mit einer ganzen Reihe von Indizien belegt habe, ist der rätselvolle Nibelungendichter höchstwahrscheinlich identisch mit dem Epiker Konrad von Fussesbrunnen, der am Donauknie bei Traismauer beheimatet war, in Beziehung zum Passauer Bischof stand und wohl auch

Walther von der Vogelweide, Zeitgenosse und wahrscheinlich auch Freund des Nibelungendichters. Aus der *Manessischen Liederhandschrift*

zur Wiener Dichterrunde von Herzog Leopold dem Glorreichen gehörte. Auf ihn trifft ausnahmslos alles zu, was wir aus dem Nibelungenlied über den Dichter herauslesen können. Konrad von Fussesbrunnen dürfte früher auch Spielmann gewesen sein und sich erst durch seine künstlerische Leistung den bess'ren Sitz an der Ehrentafel des Passauer Bischofs Wolfger erkämpft haben.

Auf den ersten Blick also können wir viele Gemeinsamkeiten erkennen – aber auch einen massiven Widerspruch: Der Dichter war ein Mann des Donaulandes. Und Alzey liegt im Rheinland. Warum sollte er sich nach Alzey benannt haben?

Er könnte den Namen deshalb für sich – den Dichter, Sänger und Fiedelspieler – in Anspruch genommen haben, weil Alzey eine Fiedel im Wappen führte. Es gibt aber noch ein zweites mögliches Motiv. Um es zu erörtern, müssen wir überlegen, wie die Fiedel wohl ins Wappen kam:

Es ist so gut wie ausgeschlossen, daß die in Alzey ansässigen Burgherren einen Spielmann in ihrem Geschlecht hatten oder gar über Generationen hinweg Spielleute waren und deshalb die Fiedel als Wappen wählten. Sie wurden auch ganz gewiß nicht »die Fiedler« genannt, wie Wilhelm Grimm in romantischem Überschwang vermutet. Denn Spielleute und Fiedelspieler waren, wie schon erwähnt, nicht gesellschaftsfähig. Und wenn ein Ahnherr der Alzeyer Ritter ein berühmter Dichter, ein Epiker etwa oder Minnesänger gewesen wäre, so hätten wir sicher Kunde davon. Die Literaturgeschichte aber kennt keinen Dichter aus Alzey.

Nach Auffassung von Forschern ist es viel wahrscheinlicher, daß die Burgherren von Alzey das Fiedelwappen führten, weil sie über Generationen hinweg Sänger und Spielleute mäzenierten. Alzey war demnach ein kulturelles Zentrum, ein Treffpunkt der Sänger, vergleichbar etwa der Wartburg des Landgrafen Hermann von Thüringen, nur nicht so bekannt und nicht in so großem Stil.

So besehen läßt sich durchaus vorstellen, daß der Dichter des Nibelungenliedes bei seiner Reise durchs Rheinland das Sängerzentrum in Alzey besuchte und dort vielleicht sogar als Gast weilte und daß er aus Dankbarkeit seine Spielmannsgestalt, mit der er sich identifizierte, nach Alzey benannte. Solch indirekte Ehrenbezeugung gegenüber Gastgebern oder Mäzenen entspricht durchaus den damals üblichen Usancen. Beispielsweise hat der Nibelungendichter dem Passauer Bischof Wolfger seine Reverenz erwiesen, indem er ihm ein literarisches Denkmal gesetzt hat in der Gestalt des Bischofs Pilgrim.

Die Namengebung also wäre wohl zu klären. Doch sie belegt noch längst nicht die Identifizierung mit

Volker, die wir dem Dichter nachzuweisen versuchen. Sollte der Dichter sich selbst ein Denkmal gesetzt haben, dann müßte er dem Publikum seine Absicht deutlicher signalisieren – dann müßte er zumindest den Rheinländer Volker in irgendeine Beziehung zu seiner eigenen Heimat setzen: zum Donauland.

Stolperstrophen am Donaustrand

Daß der Dichter aus dem Donauland stammt, läßt sich überzeugend beweisen mit sprachlichen Eigenheiten im Nibelungenlied, mit politischen Anspielungen, mit seiner offensichtlichen Beziehung zum Passauer Bischof und zum Babenberger Herzog in Wien – vor allem aber mit ganz genauen Ortskenntnissen. In allen Landschaftsbeschreibungen demonstriert er, daß ihm Wege und Stege an der Donau wohlbekannt sind. Besonders fällt auf, daß er Kriemhilds Reise von Worms zur Etzelburg auf der Strecke vom Rhein zur Donau – etwa dreihundert Kilometer – kommentarlos überspringt und erst ab der Donauüberfuhr bei Vergen (heute Pförring) detailliert zu beschreiben beginnt.

Dasselbe wiederholt sich, als er die Reise der Nibelungen zur Etzelburg schildert: kaum ein Hinweis auf die Strecke von Worms bis zur Donauüberfuhr bei Vergen – dort aber brilliert der Dichter sogleich wieder mit vielen verblüffend genauen Kenntnissen der weiteren Wege durch das Land. Und dort bringt er überraschend einen Ortskundigen ins Spiel:

Als sie nun alle standen auf dem Strand,
da fragte König Gunther: »Wer soll uns durch das Land
die rechten Wege weisen, daß wir nicht irrefahren?«
Da sprach der kühne Volker: »Ich allein kann euch davor bewahren.«

Eine Stolperstrophe! Ganz offensichtlich. Denn der Dichter läßt sein Publikum über eine Frage stolpern, die sich spontan aufdrängt: Warum Volker von Alzey, Fahnenträger der Burgunden am Rhein, Vasall der Könige von Worms – warum denn Volker aus dem Rheinland so verläßliche Ortskenntnisse an der Donau haben soll, und zwar genau ab Vergen? Eine Erklärung dafür ist im Nibelungenlied nirgendwo zu finden.

Dem Dichter scheint es sehr wichtig zu sein, das Publikum über diese Frage stolpern zu lassen. Denn acht Strophen darauf spannt er – gleichsam vorsichtshalber, damit ja keiner die Frage übersieht – nochmals einen Stolperdraht. Diesmal will Giselher wissen:

»Wer zeigt uns hier nun die Wege durch das Land?«
Sie sprachen: »Das soll Volker. Dem sind hier wohlbekannt
die Straßen und die Stege, dem stolzen Spielmann.«
Eh man's von ihm verlangte, kam er gewaffnet heran...

Eines steht auf jeden Fall fest: Mit diesen beiden Strophen hat der Nibelungendichter den Spielmann Volker im Donauland nachdrücklich naturalisiert, wenn auch auf völlig unlogische und unerklärliche Weise.

Doch in den beiden Stolperstrophen scheint noch mehr zu stecken: ein verschlüsselter Hinweis fürs Publikum! Denn die Sagendichter haben in ihren Texten oft Rätsel und Geheimnisse verborgen. Auf solch literarische Verschlüsselungstechnik hat erstmals im Jahre 1836 der Tübinger Germanistikprofessor und Dichter Ludwig Uhland hingewiesen. Er empfahl, sie »nach Rätselart« zu lösen, und gab damit den Anstoß zu einer Forschungsrichtung, die epochemachend zu einem neuen Verständnis der Mythen führte.

Wenn wir nun ein Rätsel oder ein Geheimnis in den beiden Stolperstrophen vermuten, dann vor allem wegen der penetranten Unlogik, wegen der gleich zweimal hintereinander vorgebrachten, scheinbar sinnlosen und ungeklärten Behauptung, daß Volker ortskundig sei im Donauland.

Solche Unlogik nämlich fordert zum Nachdenken heraus – zum Rätselraten. Und wer nun zu dechiffrieren versucht, was zwischen den Zeilen der beiden Strophen steckt, muß auf eine verblüffende Erkenntnis stoßen: daß der Dichter selbst es ist, der sich im Nibelungenlied als Ortskundiger des Donaulandes zu erkennen gibt, und zwar auffällig genau ab Vergen – ab dem Ort also, wo er Volker provokativ als Ortskundigen des Donaulandes ins Spiel bringt. Die Parallelität ist offenkundig. Die Rollen von Dichter und dichterischer Gestalt decken sich perfekt.

Zufall?

Wohl kaum. Eher können wir dahinter Absicht vermuten: einen versteckten Hinweis des Dichters, daß er sich mit Volker identifiziert; daß er, der anonym bleiben mußte, sich selbst ein Denkmal gesetzt hat; daß wir ihn auf der Bühne seines eigenen Werkes erkennen sollten – in der Maske des edlen Spielmannes Volker von Alzey.

Literaturverzeichnis

Das Verzeichnis enthält nicht die gesamte verarbeitete Literatur, sondern nur die Bücher, denen Zitate entnommen wurden.

Antonini, Fausto: Psychoanalyse von James Bond. In: Der Fall James Bond. München 1966.

Barbato, Andrea: Das Glaubwürdige und das Unglaubwürdige in den Filmen um 007. In: Der Fall James Bond. München 1966.

Beissel, Stephan: Die Bauführung des Mittelalters. Studie über die Kirche des hl. Victor zu Xanten. 2., verm. u. verb. Aufl. Freiburg i. Br. 1889.

Boor, Helmut de/Richard Newald: Geschichte der deutschen Literatur von den Anfängen bis zur Gegenwart. 8 Bde. München 1967 ff.

Colombo, Furio: Bonds Frauen. In: Der Fall James Bond. München 1966.

Dieterich, Julius Reinhard: Der Dichter des Nibelungenliedes. Darmstadt 1923.

Eco, Umberto: Die erzählerischen Strukturen in Flemings Werk. In: Der Fall James Bond. München 1966.

Der Fall James Bond. 007, ein Phänomen unserer Zeit. Hrsg. v. Oreste DelBuono und Umberto Eco. Aus dem Italien. von Annemarie Czaschke. München 1966.

Fleming, Ian: Thunderball. London 1961.

Grau, W. J. (Hrsg.): Nibelungenlied dt./mhd. u. dt. Ausg. Volker von Alzey. Strophen über Volker im Nibelungenlied, mhd. und in der Übertragung von Helmut Brackert, erläutert von W. J. Grau. Alzey 1973.

Grimm, Wilhelm: Die deutsche Heldensage. Göttingen 1829.

Heusler, Andreas: Nibelungensage und Nibelungenlied. Die Stoffgeschichte

d. dt. Heldenepos. Sonderausg., unveränd. reprograf. Nachdruck d. 6. Aufl. Darmstadt 1982.

Hielscher, M. Birgit: Gisela, Königin von Ungarn. In: Ostbaierische Grenzmarken. Passau, 10, 1968.

Holtzmann, Adolf: Untersuchungen über das Nibelungenlied. Stuttgart 1854.

Hóman, Bálint: Geschichtliches im Nibelungenlied. Berlin 1924.

Homeyer, Helene (Hrsg.): Attila. Der Hunnenkönig von seinen Zeitgenossen dargest. Ein Beitrag zur Wertung geschichtlicher Größe. Berlin 1951.

Kleindel, Walter: Österreich. Daten zur Geschichte und Kultur. Wien, Heidelberg 1978.

Klumbach, Hans: Alzey, Vicus und Kastell. In: Alzeyer Geschichtsblätter. Hrsg. v. Altertumsverein Alzey und Umgebung und Kurator Alzeyer Museum. Alzey, H. 2, 1965.

Leidl, August: Die selige Gisela, Königin von Ungarn. In: Bavaria Sancta. Zeugen christl. Glaubens in Bayern. Hrsg. v. Georg Schwaiger. Bd. 3. Regensburg 1973.

Mosser, Alois: Traismauer. Zentrum der karolingischen Grafschaft zwischen Enns und Wiener Wald. In: Fundberichte aus Österreich. Hrsg. v. Bundesdenkmalamt Wien. Wien, Bd. 16, 1977, S. 275–285.

Nagel, Bert: Das Dietrichbild des Nibelungenliedes. In: Zeitschrift für deutsche Philologie. Berlin, München, Bd. 78/79, 1959/1960.

Das Nibelungenlied. Heldenepos aus erster Hand, nach der Übers. v. Karl Simrock, neu hrsg., bearb. u. kommentiert v. Walter Hansen. Wien, Heidelberg 1982.

Ranke, Friedrich: Der Dichter des Nibelungenliedes. In: Die großen Deutschen. Deutsche Biographie. Hrsg. v. Hermann Heimpel u. a. 4 Bde. Berlin 1956–1957.

Schmid, Wolfgang Maria: Das Grab der Königin Gisela von Ungarn, Gemahlin Stephans I., des Heiligen. München 1912.

Schneider, Hermann: Siegfried. In: Forschungen und Fortschritte. Nachrichtenblatt der dt. Wissenschaft und Technik. Leipzig, Jg. 12, 1936.

Snelling, Oswald Frederick: Double O Seven. James Bond, a Report. London 1964.

Vajda, Stephan: Felix Austria. Eine Geschichte Österreichs. Wien, Heidelberg 1980.

Vries, Jan de: Heldenlied und Heldensage. Bern, München 1961.

Werner, Joachim: Beiträge zur Archäologie des Attila-Reiches. A.B. München 1956. (Bayer. Akad. d. Wissenschaften. Phil.-hist. Kl. Abhandlung, N.F. 38 A.B.)

Wilhelm, Richard: Volker von Alzey. In: Alzeyer Geschichtsblätter. Hrsg. v. Altertumsverein Alzey und Umgebung und Kurator Alzeyer Museum. Alzey, H. 2, 1965.

Winkler, Eike Meinrad: Die Skelettfunde in der Stadtpfarrkirche von Traismauer. In: Fundberichte aus Österreich. Hrsg. v. Bundesdenkmalamt Wien. Wien, Bd. 16, 1977, S. 233–253.

Personen- und Ortsregister